edition suhrkamp

Redaktion: Günther Busch

Roland Barthes, geboren am 12. November 1915 in Cherbourg, starb am 26. 3. 1980. Zuletzt war er Professor am Collège de France. Er war Dozent für Literatur in Biarritz (1939), Paris (ab 1940), Bukarest (1948/49) und Alexandria (1950). 1958 hielt er sich zu Studienzwecken mehrere Monate in den Vereinigten Staaten auf. Werke: *Le degré zéro de l'écriture* 1953 (deutsch: *Am Nullpunkt der Literatur* 1959); *Michelet par lui-même* 1954; *Mythologies* 1957 (deutsch: *Mythen des Alltags* 1964); *Sur Racine* 1963; *Essais critiques* 1964; *Critique et vérité* 1966, *S/Z* 1970 (deutsch 1976), *L'Empire des signes* 1970 / *Sade-Fourier-Loyola* 1971 (deutsch 1974), *Le Plaisir du texte* 1973 (deutsch: *Die Lust am Text* 1974), *Leçon* 1978 (deutsch: *Lektion* 1980).

Im Jahre 1965 kam es in Paris zu einer heftigen Kontroverse zwischen Universitätswissenschaftlern und Vertretern der »nouvelle critique« über Methoden der Literaturanalyse. Die entscheidende Auseinandersetzung fand zwischen Raymond Picard von der Sorbonne und dem Literaturtheoretiker Roland Barthes statt und schloß mit einer glänzenden Polemik Barthes' gegen die Konventionen und die »toten« Begriffe der herkömmlichen Literaturwissenschaft. Da die Probleme, die Barthes untersucht hat, nicht nur in Frankreich bestehen, gilt auch seine Kritik nicht ausschließlich Raymond Picard und den französischen Literaturhistorikern. Gute Argumente reichen weit.

Roland Barthes

Kritik und Wahrheit

Suhrkamp Verlag

Titel der Originalausgabe: *Critique et vérité*
Aus dem Französischen übersetzt von Helmut Scheffel

edition suhrkamp 218
2. Auflage, 8.–9. Tausend 1980
 Satz, in Linotype Garamond, Druck und Bindung bei Georg Wagner, Nördlingen. Gesamtausstattung Willy Fleckhaus.

Vorwort
von Helmut Scheffel

Inhalt

9 Vorwort

19 Erster Teil

24 *Der Wahrscheinlichkeitskritiker*
26 *Die Objektivität*
33 *Der Geschmack*
38 *Die Klarheit*
46 *Der Asymbolismus*

57 Zweiter Teil

57 *Die Krise des Kommentars*
61 *Die plurale Sprache*
68 *Die Wissenschaft von der Literatur*
75 *Die Kritik*
88 *Die Lektüre*

Dieses Buch ist die Antwort auf ein Pamphlet. Schon sein Titel *Kritik und Wahrheit* ist als solche zu verstehen, denn das Pamphlet hieß *Neue Kritik oder neuer Betrug*[1]. Es stammt von Raymond Picard, Professor für französische Literatur an der Sorbonne, Verfasser eines Buches über Racine und Herausgeber von Racines Werken in der Bibliothek der *Pléiade* des Verlages Gallimard. Roland Barthes, selbst Professor an der *Ecole des Hautes Etudes* in Paris, Literaturwissenschaftler, Linguist und Soziologe, hatte den Ärger Picards durch ein Buch erregt, in dem drei Essays über den französischen Klassiker zusammengefaßt waren und das 1963 erschien.[2] In dem ersten der darin enthaltenen Aufsätze, der als Einleitung zu einer Racine-Ausgabe im *Club Français du Livre* geschrieben worden war, hatte Barthes eine Art Psychoanalyse des *Homo racinianus* unternommen. Diesen Interpretationsversuch charakterisiert er auf die folgende Weise: »Ich habe mich in die Tragödienwelt Racines versetzt und versucht, deren Bevölkerung zu beschreiben, ... ohne mich dabei auf eine Quelle für diese Welt zu berufen (die sich etwa in der Geschichte oder der Biographie des Autors finden könnte). Ich habe versucht, eine Art racinescher Anthropologie zu geben, die struktural und analytisch zugleich ist: struktural in ihren Grundlagen, denn die Tragödie wird hier als ein System von Einheiten (den ›Figuren‹) und Funktionen behandelt; analytisch in der Form, denn

1 Raymond Picard: *Nouvelle critique ou nouvelle imposture*, Ed. Jean-Jacques Pauvert, Paris 1965.
2 Roland Barthes: *Sur Racine*, Editions du Seuil, Paris 1963.

nur eine Sprache, die bereit ist, die Angst der Welt in sich aufzunehmen, wie es meiner Meinung nach bei der Sprache der Psychoanalyse der Fall ist, schien mir einem Menschen angemessen zu sein, der in einer in sich abgeschlossenen Welt gefangen ist.«

Der zweite in dem Band *Sur Racine* enthaltene Aufsatz befaßt sich mit den Problemen, die heute das Sprechen von Racine-Versen auf der Bühne aufwirft. Er entstand anläßlich einer Aufführung der *Phèdre* in Jean Vilars Théâtre National Populaire im Jahre 1958.

Im dritten Aufsatz behandelt Barthes unter der Überschrift *Geschichte oder Literatur* (*Histoire ou Littérature*) am Beispiel der Werke Racines das Problem des Verhältnisses von Literaturwissenschaft und Literaturkritik und versucht, beide voneinander abzugrenzen. Eine derartige Abgrenzung ist natürlich nicht möglich, ohne auch gleichzeitig die Literatur selbst zu definieren. Die Aufgaben für Wissenschaft und Kritik sind für Barthes eine Folge der Doppelnatur des literarischen Werkes. »Es gibt ein besonderes Statut der literarischen Schöpfung. Nicht nur kann man die Literatur nicht wie irgendein beliebiges anderes Produkt der Geschichte behandeln (was niemand vernünftigerweise glaubt), die Besonderheit des Werkes widerspricht außerdem in gewissem Maße der Geschichte; das Werk ist wesentlich paradoxer Natur, es ist Zeichen für die Geschichte und zugleich Widerstand gegen sie.« (*Sur Racine*, S. 149.)

Aus diesem »Widerstand gegen die Geschichte«, der das Produkt des Individuellen im Schöpfer des Werkes ist, erklärt sich seine Interpretierbarkeit. »Diese Verfügbarkeit ist keine geringwertige Tugend. Sie ist ganz im Gegenteil das zum Paroxysmus gesteigerte Wesen der Literatur selbst. Schreiben heißt, den Sinn der Welt erschüttern, eine indirekte Frage in ihr aufwerfen, auf die zu antworten der Schriftsteller wie in einem letzten Aufschub sich untersagt. Die Antwort gibt jeder von uns unter Beibringung seiner eigenen Geschichte, seiner Sprache, seiner Freiheit; da jedoch Geschichte, Sprache und Freiheit sich unablässig ändern, ist die Antwort der Welt auf einen Schriftsteller nie beendet: man hört nie auf, eine Antwort auf das zu geben, was außerhalb aller Antwort geschrieben wurde ...« (*Sur Racine*, S. 11.)

Diese Proklamation der Offenheit des Werkes für eine nie endende Interpretation mußte jemanden, der von der ein für allemal im Text beschlossenen Bedeutung des Werkes überzeugt ist, zum Widerspruch reizen. Raymond Picard ließ es daran nicht fehlen, und sein Angriff auf Barthes' Racine-Interpretation und dessen Thesen zur Literatur und Literatur-Kritik löste bei einer breiteren Öffentlichkeit einen Erleichterungsjubel aus, wie die in *Kritik und Wahrheit* angeführten Beispiele zeigen. Offenbar hatte Barthes ein Sakrileg begangen und an eines der heiligsten Güter der Nation gerührt. Erschwerend kommt hinzu, daß es nicht sein erstes Sakrileg war. Schon mit den *Mythen des Alltags* hatte er das in gewohnten Bahnen sich bewegende Denken irritiert, und sei es nur durch seine Terminologie.

Die heftige Reaktion im Gefolge von Picards polemischen Angriffen veranlaßte Barthes, die gegen ihn vorgebrachten Argumente zu analysieren, und zwangen ihn, seine eigene Position gleichzeitig noch einmal deutlicher zu erläutern. Die Analyse dieser Argumente, für die sich in unserer Literaturdiskussion leicht Parallelen finden lassen, liefert einen bemerkenswerten Beitrag zur Typologie regressiven Denkens.

Picards Angriff richtet sich jedoch nicht gegen Roland Barthes allein. Er spricht pauschal von der »neuen« Kritik. Barthes selbst hatte in einem 1963 veröffentlichten Aufsatz zwei Arten der Kritik unterschieden [1]: »Wir haben gegenwärtig in Frankreich zwei nebeneinander bestehende Kritiken: eine, die man der Einfachheit halber ›akademische‹ Kritik nennen kann und die im wesentlichen eine von Lanson übernommene positivistische Methode anwendet, und eine andere, eine ›interpretierende‹ Kritik, deren voneinander sehr verschiedene Vertreter – denn es handelt sich um Jean-Paul Sartre, Gaston Bachelard, Lucien Goldmann, Georges Poulet, Jean Starobinski, Jean-Paul Weber, Roger Girard, Jean-Paul Richard – eines gemeinsam haben, nämlich daß ihre Deutung des literarischen Werkes mehr oder weniger, in jedem Fall aber bewußt, mit einer der großen Theorien der Zeit verknüpft ist, mit dem Existentialismus, dem Marxismus, der Psychoanalyse, der Phänomenologie. Man könnte deshalb diese Kritik ideologische Kritik nennen im Gegensatz zur ersten, die jede Ideologie von sich weist und sich auf eine objektive Methode beruft. Zwischen

1 Roland Barthes: *Essais critiques*, Editions du Seuil, Paris 1964, S. 246. Zuerst erschienen in *Modern Languages Notes*, 1963.

diesen beiden Kritiken bestehen natürlich Verbindungen: einerseits wird die ideologische Kritik meistens von Professoren ausgeübt, denn in Frankreich ist bekanntlich aus Gründen der Tradition und der Profession das Statut des Intellektuellen leicht mit dem des Professors identisch. Andererseits geschieht es, daß die Universität die interpretierende Kritik anerkennt, da manche ihrer Werke Habilitationsschriften sind ... Und doch besteht, ohne daß man von einem Konflikt sprechen kann, eine reale Trennung zwischen beiden Kritiken.«

Inzwischen kann man von einem Konflikt sprechen, wie gerade der hier vorliegende Band beweist. Im Verlaufe des Streites sind nur die Benennungen der Parteien vereinfacht worden. Picard hatte den Begriff der »neuen« Kritik für Barthes und seine Anhänger eingeführt, demzufolge muß es auch eine »alte« Kritik geben. Man kann es Barthes nicht verübeln, daß er diese naheliegende Bezeichnung für seine Widersacher gebraucht. Wichtiger aber ist der Hinweis, daß sich hinter dieser »alten« Kritik und ihrem Anspruch auf »Objektivität« eine datierbare Ideologie verbirgt. Barthes hat das in einem Aufsatz, der 1963 im *Times Literary Supplement* erschien [1], schon deutlich gesagt. Die »alte« Kritik wird darin noch als »Lansonismus« bezeichnet: »Der Lansonismus ist selbst eine Ideologie. Er beschränkt sich nicht darauf, die Anwendung der objektiven Regeln der wissenschaftlichen Forschung zu fordern, sondern impliziert allgemeine Auffas-

1 *Essais critiques*, S. 253/54.

sungen vom Menschen, von der Geschichte, von der Literatur, von den Beziehungen zwischen Autor und Werk. Die Psychologie des Lansonismus etwa gehört einem ganz bestimmten Zeitalter an; sie besteht im wesentlichen in einer Art von analogischem Determinismus, demzufolge die Einzelheiten eines Werkes denen eines Lebens ›ähnlich‹ sein müssen, die Seele einer erfundenen Person der Seele des Autors usw., eine sehr partikulare Ideologie, da die Psychoanalyse zum Beispiel seither Beziehungen des Verleugnens zwischen dem Werk und seinem Autor als denkbar gezeigt hat. Natürlich sind philosophische Postulate unvermeidlich, dem Lansonismus werden deshalb auch nicht seine Voraussetzungen vorgeworfen, sondern nur die Tatsache, daß er diese verschweigt, daß er sie mit dem moralischen Schleier der Strenge und Objektivität verhüllt. Die Ideologie wird hier wie Schmuggelware im Gepäck des Szientismus versteckt.«

Es wird angesichts der geistigen Disposition Raymond Picards, wie sie aus Barthes' Analyse und Widerlegung zutagetritt, nicht wundernehmen, daß der Repräsentant der »alten« Kritik in *Kritik und Wahrheit* nichts anderes zu sehen vermag als den Ausdruck eines bequemen und selbstzufriedenen »Nihilismus«, wie er in einem resignierenden Artikel, mit dem er ein letztes Mal auf Barthes antwortete, geschrieben hat.[1] Er konnte nicht einsehen, daß es in der Literaturkritik keine Objektivität in dem von

1 Raymond Picard: *Un Nihilisme comfortable* in *Le Nouvel Observateur* vom 13. April 1966.

ihm verstandenen Sinne geben soll, er konnte nicht glauben, daß die großen Werke der Literatur beunruhigende Fragen sind, die im Gewand von Antworten auftreten, daß sie Zeichen sind, die etwas anderes bedeuten als ihre Buchstäblichkeit auszusagen scheint; es mußte ihm unheimlich sein, daß die Kritik keine endgültigen Antworten auf diese Fragen vorbereiten kann, sondern ihre Antwort auf das Werk in der Form einer von der Subjektivität und deren Bezugnahmen bestimmten Schreibweise auftritt, die Wahl und zahllose Vorentscheidungen impliziert und die letztlich selbst nichts anderes ist als eine Frage, ja, daß das Werk der Kritik ebenso wie das Kunstwerk selbst ein Simulacrum ist. Eine solche Auffassung erscheint ihm als Science-fiction oder Zukunftsmusik. Selbst wenn man das nicht für ganz falsch hält, bleibt doch die Tatsache, daß manche Klänge, die einst als Zukunftsmusik galten, unseren Ohren längst vertraut sind.

Erster Teil

Was man »neue Kritik« nennt, ist nicht erst heute entstanden. Unmittelbar nach der Befreiung im Jahre 1945 wurde unsere klassische Literatur im Zusammenhang mit neuen Philosophien von sehr unterschiedlichen Kritikern in verschiedenen, schließlich die Gesamtheit unserer Autoren von Montaigne bis Proust behandelnden Monographien einer gewissen Revision unterzogen (und das war ganz natürlich). Es hat nichts Erstaunliches, wenn ein Volk in periodischen Abständen die Gegenstände aus seiner Vergangenheit wieder vornimmt und sie aufs neue beschreibt, um festzustellen, *was es damit anfangen kann:* das sind Einschätzungen, die von Zeit zu Zeit fällig oder doch wünschenswert sind.

Nun aber wird diese Bewegung plötzlich des Betrugs [1] bezichtigt – man schleudert gegen ihre Werke (zumindest gegen einige) jenen Bannfluch, der seit alters die Avantgarde durch die gegen sie bestehende Aversion definiert: man sagt, diese Werke seien bar aller geistigen Substanz, sie bestünden nur aus Spitzfindigkeiten, sie verdürben die Sitten, und ihren Erfolg verdankten sie einzig und allein dem Snobismus. Erstaunlich dabei ist nur, daß der Prozeß ihnen so spät gemacht wird. Warum heute? Handelt es sich um eine unbedeutende Reaktion? Oder ist es die offensive Wiederkehr eines gewissen Obskurantismus? Oder aber ist es der erste Widerstand gegen sich ankündigende neue Formen des Redens?

Verblüffend an diesen Angriffen ist ihr unmittelbar

1 Vgl. das Vorwort. *(A. d. Ü.)*

und wie selbstverständlich kollektiver Charakter.[1] Etwas Primitives und Nacktes hat sich darin gezeigt. Man könnte glauben, man wohne dem Ausschließungsritus einer archaischen Gesellschaft gegen ein gefährliches Individuum bei. Daher auch das merkwürdige Vokabular des *Hinrichtens*.[2] Man hat davon geträumt, die neue Kritik zu *verwunden*, sie zu *töten*, zu *schlagen*, zu *ermorden*, sie vor ein *Tribunal* zu schleppen, sie an den *Pranger* zu stellen oder aufs *Schafott* zu bringen.[3] Offensichtlich war etwas Vitales getroffen worden, da der Henker nicht nur wegen seines Talentes gelobt wurde, sondern man ihm auch *gedankt* und ihn beglückwünscht hat wie einen

1 Eine Gruppe von Kritikern hat der Schrift von R. Picard ohne jede Prüfung und ohne alle Nuancierungen volle Unterstützung zuteil werden lassen. Hier die Ehrentafel der »alten« Kritik (da es ja eine »neue« Kritik gibt): *Les Beaux Arts* (Brüssel, 23. Dezember 1965), *La Croix* (10. Dezember 1965), *Le Figaro* (3. November 1965), *Le XXe siècle* (November 1965), *Midi libre* (18. November 1965), *Le Monde* (23. Oktober 1954), hier sind einige Leserbriefe hinzuzufügen (13., 20., 27. November 1965), *La Nation Française* (28. Oktober 1965), *Pariscope* (27. Oktober 1965), *La Revue Parlementaire* (15. November 1965), *Europe-Action* (Januar 1966); die *Académie française* nicht zu vergessen (Antwort Marcel Achards an Thierry Maulnier, *Le Monde*, 21. Januar 1966).

2 »Das ist eine Hinrichtung«; *La Croix*.

3 Hier ein paar der unentgeltlich offensiven Bilder: »Die Waffen des Lächerlichen« (*Le Monde*). »Klarstellung durch eine Tracht Prügel« (*Nation française*). »Ein gut gezielter Hieb«, »die Luft aus den widerwärtigen Schläuchen lassen« (*Le XXe Siècle*). »Die Ladung an tödlichen Spitzen« (*Le Monde*). »Intellektuelle Hochstapelei« (R. Picard, a.a.O.). »Pearl Harbour der neuen Kritik« (*Revue de Paris*, Januar 1966). »Barthes am Pranger« (*L'Orient*, Beirut 16. Januar 1966). »Der neuen Kritik den Hals umdrehen und eine Anzahl von Betrügern, darunter Roland Barthes, säuberlich enthaupten, dessen glatt abgetrennten Kopf sie schwenken« (*Pariscope*).

Rächer nach vollbrachter Tat. Unsterblichkeit hatte man ihm schon versprochen, nun fällt man ihm außerdem um den Hals.[1] Die Hinrichtung der neuen Kritik erscheint als ein Akt öffentlicher Reinigung, der gewagt werden mußte und dessen Erfolg Erleichterung verschafft.

Da die Angriffe von einer begrenzten Gruppe kommen, tragen sie eine Art ideologischer Kennmarke; sie reichen in jenen zwielichtigen Bereich der Kultur, in dem etwas unabänderlich und von den Entscheidungen des Augenblicks unabhängig Politisches das Urteil und die Sprache durchdringt.[2] Im Zweiten Kaiserreich hätte die neue Kritik ihren öffentlichen Prozeß gehabt: verstößt sie nicht gegen die Vernunft, weil sie gegen »die elementaren Regeln des wissenschaftlichen Denkens oder des klaren Denkens überhaupt« verstößt? Schockiert sie nicht die Moral, weil sie in alles »eine entfesselte, zynische, obsessionelle Sexualität« hineinträgt? Bringt sie nicht unsere nationalen Institutionen gegenüber dem Ausland in

1 »Ich meinerseits glaube, daß die Werke von Herrn Barthes schneller altern als die von Herrn Picard« (E. Guitton, *Le Monde*, 28. März 1966). »Ich habe Lust, Herrn Raymond Picard dafür zu umarmen, daß er ... Ihr Pamphlet (sic) geschrieben hat« (Jean Cau in *Paris-cope*).

2 »Raymond Picard antwortet hier dem Progressisten Barthes ... Picard erledigt alle, die die klassische Analyse durch den übermächtigen Eindruck ihres Wortdeliriums ersetzen, alle vom Entziffern Besessenen, die glauben, daß jedermann seine Schlußfolgerungen wie sie unter dem Einfluß der Kabbala, des Pentateuch oder des Nostradamus zieht. Die ausgezeichnete, von Jean-François Revel herausgegebene Reihe *Libertés* (Diderot, Celse, Rougier, Russell) wird noch manche Zähne stumpf machen, gewiß jedoch nicht die unsrigen.« (*Europe-Action*, Januar 1966.)

Mißkredit?[1] Kurz: ist sie nicht »gefährlich«?[2] Dieses Wort, auf den Geist, die Literatur, die Kunst angewandt, verrät sich sofort als Ausdruck regressiven Denkens, das tatsächlich in der Angst lebt (daher die Einheitlichkeit der Bilder der Zerstörung) und sich vor Neuerungen fürchtet, die jedesmal als »hohl« bezeichnet werden (mehr weiß man meistens darüber nicht zu sagen). Doch ist heute dieser Mechanismus komplizierter geworden: zwar hat man nach wie vor Furcht vor dem Neuen, gleichzeitig aber möchte man keinesfalls anachronistisch erscheinen. Also schmückt man die Verdächtigungen mit ein paar Reverenzen vor den »Forderungen der Gegenwart« oder der »Notwendigkeit, die Probleme der Kritik neu zu bedenken«, und mit schöner Rhetorik weist man »den vergeblichen Rückgriff aufs Vergangene« weit von sich.[3] Die Reaktionäre gebärden sich heute genauso schamhaft wie der Kapitalismus.[4] Daher die seltsamen plötzlichen Rucke: eine Zeitlang tut man, als akzeptiere man die modernen Werke, von denen man sprechen muß, weil von ihnen gesprochen wird: wenn aber dann ein gewisses Maß erreicht ist, geht man zu einer kollektiven Hinrichtung über. Von Zeit zu Zeit

1 R. Picard, a.a.O., S. 58, S. 30 und S. 84.

2 ebenda, S. 85 und S. 148.

3 E. Guitton in *Le Monde,* 13. November 1965; R. Picard, a.a.O., S. 149; J. Piatier in *Le Monde,* 23. Oktober 1965.

4 Fünfhundert Anhänger von J. L. Tixier-Vignancour verkünden in einem Manifest ihren Willen, »ihre Aktion auf der Grundlage einer kämpferischen Organisation und einer nationalistischen Ideologie fortzusetzen ... die in der Lage ist, sich wirksam dem Marxismus und der kapitalistischen Technokratie entgegenzustellen« (*Le Monde,* 30./31. Januar 1966).

wird der Literatur von einer geschlossenen Gruppe der Prozeß gemacht; das hat nichts Verwunderliches: solche Verdikte stehen jeweils am Ende einer Entwicklung, durch die das Gleichgewicht verloren ging. Warum aber ist heute die Kritik an der Reihe?

Bemerkenswert an dieser Operation ist nicht so sehr, daß sie das Alte und das Neue einander gegenüberstellt, sondern daß sie, ziemlich brutal, eine bestimmte Weise, über Bücher zu sprechen, mit einem Bann belegt: nicht erlaubt ist, daß die Sprache von der Sprache spricht. Die verdoppelte Sprache ist Gegenstand besonderer Wachsamkeit der Institutionen, die sie gewöhnlich unter einem strengen Kodex halten. Im Staat der Literatur wird die Kritik nicht weniger gezügelt als die Polizei: die eine zu befreien wäre ebenso gefährlich, wie die andere volkstümlich zu machen, und würde bedeuten, die Macht der Macht, die Sprache der Sprache in Zweifel zu ziehen. Jeder Versuch, aus dem Material der Sprache literarischer Werke eine zweite Sprache zu schaffen, eröffnet allerdings einen Weg voller unkontrollierbarer Relais, das unendliche Spiel der Spiegel, und diese Aussicht ist verdächtig. Solange die traditionelle Funktion der Kritik darin bestand, Urteile zu fällen, konnte sie nicht anders als konformistisch sein, nämlich konform mit den Interessen der Richter. Aber die wirkliche Kritik an den Institutionen und den Schreibweisen besteht gar nicht darin, zu urteilen, sondern darin, sie zu *unterscheiden*, sie voneinander zu *trennen*, sie zu *verdoppeln*. Um subversiv zu wirken, braucht die

Kritik nicht zu urteilen; sie braucht nur von der Sprache zu sprechen, statt sich ihrer einfach zu bedienen. Was man heute der neuen Kritik vorwirft, ist weniger, daß sie »neu« ist, als vielmehr, daß sie ganz und gar *Kritik* ist, das heißt: daß sie die Rollen des Autors und des Kommentators neu verteilt und damit die herkömmliche Ordnung der Sprachen angreift. [1]

Der Wahrscheinlichkeitskritiker

Aristoteles hat die Technik der fiktiven Rede auf das Moment des *Wahrscheinlichen* gegründet, das durch Überlieferung, Philosophie, Erfahrung, allgemeine Meinung usw. im Bewußtsein der Menschen abgelagert ist. Als das Wahrscheinliche gilt, was keiner dieser Autoritäten zuwiderläuft; es entspricht nicht notwendig dem, was gewesen ist (das geht die Geschichtsschreibung an), nicht dem, was sein muß (das geht die Wissenschaften an), sondern nur dem, was das Publikum für möglich hält, was aber von der geschichtlichen Wirklichkeit oder der wissenschaftlichen Möglichkeit ganz verschieden sein kann. Damit hat Aristoteles eine Art Ästhetik des Publikums entworfen. Wenn man sie heute auf die für die Masse bestimmten Bücher anwendete, gelänge es vielleicht, das Wahrscheinliche unserer Epoche zu rekonstruieren, denn dergleichen Bücher widersprechen niemals dem

1 Siehe S. 57 dieser Untersuchung.

vom Publikum für möglich Gehaltenen, so unmöglich es, historisch oder wissenschaftlich gesehen, auch sein mag.

Die alte Kritik ist nicht ohne Beziehung zu dem, was man sich unter einer für die Masse bestimmten Kritik vorstellen könnte, falls unsere Gesellschaft anfinge, den kritischen Kommentar so zu konsumieren, wie sie den Film, den Roman oder den Schlager konsumiert. Im Rahmen der kulturellen Gemeinschaft verfügt sie über ein Publikum, sie herrscht auf den Literaturseiten einiger großer Zeitungen und bewegt sich in einer intellektuellen Logik, innerhalb derer man der Überlieferung, der Erfahrung, der allgemeinen Meinung usw. nicht widersprechen kann. Kurz, es gibt ein Wahrscheinliches der Kritik.

Dieses Wahrscheinliche drückt sich kaum in Grundsatzerklärungen aus. Da es das ist, *was sich von selbst versteht,* bleibt es diesseits jeder Methode; denn die Methode ist gerade der Akt des Zweifelns, mittels dessen man sich über den Zufall oder die Natur Fragen stellt. Greifbar wird dieses Wahrscheinliche in seinem Erstaunen oder in seiner Entrüstung angesichts der »Extravaganzen« der neuen Kritik: alles erscheint ihm »absurd«, »abgeschmackt«, »ausgefallen«, »krankhaft«, »gewaltsam«, »erschreckend«.[1]

1 Hier sind die von R. Picard für die neue Kritik gebrauchten Ausdrücke: »Betrug«, »das Riskante und Alberne« (S. 11), »pedantisch; (S. 39), »abwegige Extrapolation« (S. 40), »auf unmäßige Weise unrichtige, zweifelhafte oder läppische Aussagen« (S. 47), »pathologischer Charakter dieser Sprache« (S. 50), »Absurditäten« (S. 52), »intellektuelle Hochstapeleien« (S. 54), »ein Buch, das Empörung hervorrufen könnte« (S. 57), »Exzeß an selbstzufriedener Gehaltlosigkeit«, »Reper-

Über alles liebt der Wahrscheinlichkeitskritiker »das Evidente«. Dieses Evidente ist jedoch vor allem normativ. Durch ein bekanntes Umkehrverfahren leitet man das Unglaubliche aus dem Verbotenen, das heißt dem Gefährlichen ab: Nichtübereinstimmungen werden zu Abweichungen, Abweichungen zu Fehlern, Fehler zu Sünden [1], Sünden zu Krankheiten, Krankheiten zu Ungeheuerlichkeiten. Und weil dieses normative System sehr eng begrenzt ist, wird es von jeder Kleinigkeit überschritten. Feste Regeln hüten das abgesteckte Terrain, das nicht verlassen werden darf; und wer es überschreitet, verfällt in die sogenannte »Teratologie«.[2] Welches sind also die Regeln des Wahrscheinlichkeitskritikers im Jahre 1965?

Die Objektivität

Hier die erste, mit der man uns in den Ohren liegt: *die Objektivität.* Was heißt Objektivität in der Litera-

toire von Paralogismen« (S. 59), »wütende Versicherungen« (S. 71), »bestürzende Zeilen« (S. 73), »extravagante Doktrin« (S. 73), »eine lächerliche und hohle Intelligibilität« (S. 75), »willkürliche, inhaltslose und absurde Ergebnisse« (S. 92), »Absurditäten und Bizarrerien« (S. 146), »Einfältigkeit« (S. 147). Ich hätte fast hinzugefügt: »auf mühselige Weise unzutreffend«, »Schnitzer«, »zum Lächeln reizende Süffisanz«, »formale Raffinessen«, »Subtilitäten eines degenerierten Mandarins« usw., aber das stammt nicht von R. Picard, sondern findet sich in Prousts Pastiche auf Saint-Beuve und in der Rede von M. de Norpois, der Bergotte »hinrichtet« ...

1 Ein Leser des *Monde* erklärt in einer merkwürdig religiösen Sprache, daß ein bestimmtes Buch der neuen Kritik »mit Sünden gegen die Objektivität beladen« sei (27. November 1965).

2 R. Picard, a.a.O., S. 88.

turkritik? Welche Eigenschaft des Werkes »existiert außerhalb von uns«?[1] Für dieses außerhalb von uns Liegende – das so kostbar ist, denn es soll die Extravaganz des Kritikers begrenzen, und über das man sich so leicht einigen können sollte, denn es ist dem Wechsel unseres Denkens entzogen – findet man immer andere Definitionen. Früher war es die Vernunft, die Natur, der Geschmack usw., gestern war es das Leben des Autors, oder es waren die »Gesetze der Gattung«, oder es war die Geschichte; heute wiederum bietet man uns abermals eine andere Definition an. Man sagt, das literarische Werk enthalte »Evidenzen«, die ans Tageslicht geholt werden können, sofern man sich dabei auf *»die Gewißheiten der Sprache, die Implikationen der psychologischen Kohärenz, die Imperative der Gattungsstruktur«* stütze.[2]

Hier vermischen sich mehrere gespenstische Modelle. Das erste ist lexikographischer Art: man muß Corneille, Racine, Molière lesen und dabei Cayrous *»Français classique«* neben sich liegen haben. Ja, gewiß, wer hat das jemals bestritten? Aber was fängt man mit der bekannten Bedeutung der Wörter an? Das »die Gewißheiten der Sprache« Genannte (man wünschte, es wäre ironisch gemeint), ist nichts anderes als die »Gewißheiten der französischen Sprache«, Gewißheiten des Wörterbuchs. Das Ärger-

1 »Objektivität: Terminus der modernen Philosophie. Eigenschaft dessen, was objektiv ist; Existenz der Objekte außerhalb von uns.« (*Littré.*)

2 R. Picard, a.a.O., S. 69.

liche (oder das Vergnügliche) ist, daß das Idiom nie mehr ist als das Material einer anderen Sprache, *die nicht im Widerspruch zu der ersten steht*, die aber voller Ungewißheiten ist. Mit welchem Prüfgerät, mit welchem Wörterbuch soll diese zweite, diese symbolische Sprache, aus der das Werk besteht, gemessen werden, diese Sprache, die gerade eine der vielfachen Bedeutungen ist? [1] Das gleiche gilt für die »psychologische Kohärenz«. Nach welchem Schlüssel soll die erfaßt werden? Es gibt mehrere Arten der Benennung menschlicher Verhaltensweisen und, sobald diese benannt sind, mehrere Arten der Beschreibung ihrer Kohärenz: die Implikationen beispielsweise der psychoanalytischen Psychologie unterscheiden sich von denen der behavioristischen Psychologie usw. Bleibt

1 Wenn es mir auch nicht um die besondere Verteidigung meines Buches *Sur Racine* geht, so kann ich doch die Behauptung Jacqueline Piatiers in *Le Monde* (23. Oktober 1965), ich hätte die Sprache Racines mitunter mißverstanden, nicht unwidersprochen lassen. Wenn ich zum Beispiel darauf hinweise, daß in dem Verb *respirer* (atmen) etwas von *respiration* (Atmung) steckt (R. Picard a.a.O., S. 53), so nicht, weil ich von der Bedeutung des Verbs in jener Epoche (*se détendre*, sich entspannen) nichts wüßte – ich habe von ihr im übrigen gesprochen (*Sur Racine*, S. 57) –, sondern weil die lexikographische Bedeutung nicht im Widerspruch zur symbolischen Bedeutung stand, die in diesem Fall, und zwar auf sehr maliziöse Weise, die *erste* Bedeutung ist. Zu diesem Punkt wie zu vielen anderen, bei denen die Schrift R. Picards, dem seine Anhänger blindlings folgen, die Dinge auf dem niedrigsten Niveau erfaßt, bitte ich Proust, die Antwort zu geben, und erinnere an das, was er an Paul Souday schrieb, der ihn beschuldigt hatte, Französischfehler gemacht zu haben: »Mein Buch mag von keinerlei Talent zeugen; es setzt aber genug Bildung voraus und impliziert deren genug, um keine moralische Wahrscheinlichkeit bestehen zu lassen, daß ich solche groben Fehler gemacht haben könnte, wie die von Ihnen bezeichneten.« (*Choix de Lettres*, Paris 1965, S. 196.)

als letzte Zuflucht die »gängige« Psychologie, die jedermann begreifen kann und die gerade deshalb ein Gefühl der Sicherheit verleiht; das Unglück ist nur, daß diese Psychologie eben aus dem gebildet ist, was man uns in der Schule über Racine, Corneille usw. beigebracht hat –, was also darauf hinausläuft, uns eines Autors durch das Bild zu vergewissern, das wir von ihm haben. Eine schöne Tautologie! Behaupten, daß die Personen (in *Andromaque*) »rasende Individuen sind, die die Heftigkeit ihrer Leidenschaft... usw.« [1], heißt, das Absurde um den Preis der Platitude vermeiden, ohne daß man dabei gegen den Irrtum gefeit ist. Und was die »Gattungsstruktur« betrifft, so möchte ich gern mehr darüber erfahren. Hundert Jahre diskutiert man nun schon über das Wort Struktur; es gibt mehrere Strukturalismen: den genetischen, phänomenologischen, usw.; es gibt auch einen »schulischen« Strukturalismus, der darin besteht, die »Gliederung« eines Werkes zu verzeichnen. Um welchen Strukturalismus handelt es sich? Wie soll die Struktur aufgefunden werden ohne die Hilfe eines methodologischen Modells? Für die Tragödie mag es noch hingehen, weil deren Kanon dank den klassischen Theoretikern bekannt ist; aber welches wäre denn die »Struktur« des Romans, die man den »Extravaganzen« der neuen Kritik entgegenhalten müßte?
Diese »Evidenzen« sind also nichts anderes als Ergebnisse einer Wahl. Wörtlich genommen, ist die erste läppisch oder, wenn man lieber will, völlig unange-

1 R. Picard a.a.O., S. 30.

messen; niemand hat jemals bestritten und wird jemals bestreiten, daß die Sprache des Werkes einen wörtlichen Sinn hat, über den uns im Bedarfsfall die Philologie informiert. Die Frage ist, ob man berechtigt ist oder nicht, in diesem wörtlichen Diskurs andere Bedeutungen zu lesen, die nicht im Widerspruch zu ihm stehen. Nicht das Wörterbuch wird auf diese Frage eine Antwort geben, sondern eine Grundentscheidung über den Zeichencharakter der Sprache. Genauso verhält es sich mit den anderen »Evidenzen«: sie sind bereits Interpretationen, denn sie setzen die Wahl eines psychologischen oder strukturalen Modells voraus. Dieser Kodex – denn um einen solchen handelt es sich – kann variieren. Die ganze Objektivität des Kritikers hängt also nicht von der Wahl des Kodex ab, sondern von der Strenge, mit der er das von ihm gewählte Modell auf das Werk anwendet.[1] Das ist im übrigen nicht wenig; aber da die neue Kritik nie etwas anderes gesagt und die Objektivität ihrer Beschreibungen auf deren Kohärenz begründet hat, war es überflüssig, überhaupt gegen sie zu Felde zu ziehen. Der Wahrscheinlichkeitskritiker wählt im allgemeinen den Kodex des Wörtlichen; das ist eine Wahl unter anderen. Betrachten wir jedoch, welchen Preis sie fordert.

Man verkündet, man müsse *»die Bedeutung der Wörter bewahren«*[2], das heißt, daß das Wort nur eine Bedeutung habe: die richtige. Diese Regel bringt eine

1 Zu dieser neuen Objektivität vgl. S. 73 f.

2 R. Picard a.a.O., S. 45.

Verdächtigung oder, was noch schlimmer ist, eine allgemeine Banalisierung der Metapher mit sich: bald verbietet man sie einfach (man darf nicht sagen, daß Titus Berenike ermordet, da Berenike ermordet stirbt [1]), bald macht man sie lächerlich, indem man halbwegs ironisch vorgibt, sie wörtlich zu nehmen (was den sonnenhaften Nero mit den Tränen der Juno verbindet, wird reduziert auf die Wirkung der »Sonne, die eine Lache austrocknet« [2], oder auf »eine Anleihe bei der Astrologie« [3]), bald soll man in ihr nichts anderes sehen als ein Klischee der Epoche (man darf in *respirer* keinerlei *respiration* spüren, weil *respirer* im XVII. Jahrhundert »sich entspannen« bedeutet). Das ergibt sehr merkwürdige Leseanweisungen: man muß die Dichter lesen, ohne etwas zu evozieren; es ist der Analyse untersagt, sich über so einfache und konkrete Wörter wie Hafen, Serail, Tränen zu erheben – wie abgenutzt sie auch sein mögen. Im Grenzfall haben die Wörter keinerlei Beziehungswert mehr, sondern nur noch einen Handelswert; sie dienen, wie bei der kruden Transaktion, einzig und allein der Mitteilung, nicht aber der Andeutung. Im ganzen bietet die Sprache nur *eine* Gewißheit, die der Banalität; diese wird also immer gewählt.

Ein anderes Opfer des Buchstäblichen: die Person, Gegenstand einer übertriebenen und zugleich läppischen Gläubigkeit; niemals hat sie das Recht, sich über

1 R. Picard, a.a.O., S. 45.
2 ebenda, S. 17.
3 *Revue parlementaire*, 15. November 1965.

sich selbst oder ihre Gefühle zu täuschen: das Alibi ist eine dem Wahrscheinlichkeitskritiker unbekannte Kategorie (Orest und Titus können sich selbst nicht belügen), ebenso das Phantasma (Eriphile liebt Achilles, ohne sich gewiß jemals vorzustellen, daß sie von ihm besessen ist [1]). Diese überraschende Klarheit der Wesen und ihrer Beziehungen ist nicht auf die literarische Fiktion begrenzt; dem Wahrscheinlichkeitskritiker erscheint das Leben selbst durchaus klar: ein und dieselbe Banalität bestimmt die Beziehungen der Menschen im Buch und in der Wirklichkeit. Es besteht keinerlei Anlaß, so heißt es, in Racines Werk ein Theater der Gefangenschaft zu sehen, weil das eine gängige Situation ist. [2] Desgleichen ist es überflüssig, die Machtbeziehungen hervorzuheben, die durch die Racinesche Tragödie in Szene gesetzt werden, da, wie erinnert wird, jede Gesellschaft durch die Macht konstituiert ist. [3] Das heißt wahrhaftig das Faktum der Macht in den menschlichen Beziehungen mit sehr viel Gleichmut betrachten. Die Literatur, weniger blasiert, hat dagegen immer wieder die *Unerträglichkeit* der banalen Situationen kommentiert; denn ihre Sache ist es, aus einer üblichen eine grundlegende Beziehung zu machen, und aus dieser eine empörende. So bemüht sich der Wahrscheinlichkeitskritiker, alles um eine Drehung herunterzuschrauben: was im Leben banal ist, darf nicht geweckt werden; was es im Werk nicht ist, muß gerade banalisiert wer-

1 R. Picard a.a.O., S. 33.
2 ebenda, S. 22.
3 ebenda, S. 39.

den. Eine seltsame Ästhetik, die das Leben zum Schweigen und das Werk zur Bedeutungslosigkeit verurteilt.

Der Geschmack

Geht man auf die anderen Regeln des Wahrscheinlichkeitskritikers ein, so muß man noch weiter hinuntersteigen, sich mit törichten Zensurmaßnahmen befassen, auf veraltete Streitigkeiten zurückkommen und über unsere alten Kritiker von heute mit den alten Kritikern von vorgestern, mit Nisard [1] oder Népomucène Lemercier [2], einen Dialog beginnen.
Wie soll man die Gesamtheit von Bannflüchen bezeichnen, die sich beliebig aus der Moral oder der Ästhetik herleiten und in die die klassische Kritik alle Werte investiert, die sie nicht mit der Wissenschaft in Verbindung bringen kann? Nennen wir dieses Prohibitionssystem den »Geschmack«. [3] Der Geschmack verbietet, wovon zu sprechen? Von den Objekten. In einer vernünftigen Rede gilt das Objekt als trivial. Eine Unschicklichkeit, die sich nicht etwa aus den Objekten selbst erklärt, sondern aus der Mischung von Abstraktem und Konkretem (es ist verboten, die Gattungen zu vermischen). Lächerlich er-

1 Désiré Nisard (1806–1888), Kritiker, der ausschließlich die klassische französische Literatur des XVII. Jahrhunderts bewunderte. (*A.d.Ü.*)

2 Népomucène Lemercier (1771–1840), Dichter und Kritiker, Verfasser von präromantischen Tragödien. (*A.d.Ü.*)

3 R. Picard a.a.O., S. 32.

scheint, daß man im Zusammenhang mit *Literatur* von *Spinat* sprechen kann[1]: der Abstand des Objekts von der kodifizierten Sprache der Kritik schokkiert. Man kommt so zu einem merkwürdigen Chassé-croisé: während die Schriften der alten Kritik vollkommen abstrakt[2], die der neuen dagegen das sehr wenig sind, weil sie sich mit Substanzen und Objekten befassen, sind dem Vernehmen nach gerade die letzteren von unmenschlicher Abstraktheit. In Wahrheit ist das, was der Wahrscheinlichkeitler »konkret« nennt, abermals nichts anderes als das Gewohnte. Das Gewohnte bestimmt seinen Geschmack. Für ihn darf die Kritik weder aus einer an Objekten bestehen (sie sind zu prosaisch[3]), noch aus der an Ideen (sie sind zu abstrakt[4]), sondern nur aus Werten.

Der »Geschmack« ist hier von großem Nutzen: als gemeinsamer Diener der Moral und der Ästhetik bildet er eine bequeme Drehtür zwischen dem Schönen und dem Guten, die diskret als simples Maß einander gleichgestellt werden. Doch dieses Maß hat die ganze Brüchigkeit eines Trugbildes. Wenn man dem Kritiker vorwirft, er spreche im Übermaß von Sexualität, muß man darunter verstehen, daß von der Sexualität zu sprechen immer exzessiv ist. Sich einen Augenblick lang vorstellen, daß die klassischen Helden mit

1 R. Picard a.a.O., S. 110 und 135.

2 Siehe R. Picards Einleitungen zu Racines Tragödien, *Œuvres complètes*, Pléiade Band I, Paris 1956.

3 In Wirklichkeit zu symbolisch.

4 R. Picard a.a.O., S. 30.

einem Geschlecht ausgestattet sein könnten (oder auch nicht), heißt, »in alles« eine »obsessionelle, entfesselte, zynische« Sexualität hineintragen.[1] Daß die Sexualität eine genau bestimmte (und nicht panische) Rolle bei der Konstituierung der Personen spielen kann, wird nicht untersucht; daß außerdem diese Rolle variieren kann, je nachdem, ob man zum Beispiel Freud oder Adler folgt, kommt dem »alten« Kritiker nicht in den Kopf: weiß er denn überhaupt mehr von Freud, als er in dem Bändchen der Sammlung *Que sais-je?* gelesen hat?

Der Geschmack ist in der Tat ein Verbot der Rede. Die Psychoanalyse ist nicht deshalb tabuiert, weil sie denkt, sondern weil sie spricht. Wenn man sie auf eine rein medizinische Methode reduzieren und den Kranken (der man nicht ist) auf seinem Ruhebett festschnallen könnte, würde man sich so wenig darum kümmern wie um die Nadelpunktierung. Aber nun dehnt sie ihre Rede gar auf das geheiligte Wesen par excellence, auf den Schriftsteller aus (der man sein möchte). Bei einem modernen Autor mag das noch hingehen, aber bei einem Klassiker wie Racine, dem klarsten aller Dichter, dem schamhaftesten aller von Leidenschaft Ergriffenen![2]

Das Bild, das sich die alte Kritik von der Psychoanalyse macht, ist tatsächlich unglaublich veraltet: es beruht auf einer archaischen Einteilung des mensch-

1 R. Picard a.a.O., S. 30.

2 »Kann man ausgerechnet auf dem so klaren Racine ein neues obskures Verfahren der Beurteilung und Zerstörung des Genies gründen?« (*Revue parlementaire*, 15. November 1965.)

lichen Körpers; ihr zufolge besteht der Mensch aus zwei anatomischen Bereichen: der eine ist, wenn man so sagen kann, höherstehend-extern – der Kopf, das künstlerische Schaffen, das edle äußere Bild, das, was man zeigen darf, was man sehen muß; der zweite ist niedrig-intern: das Geschlecht (das man nicht erwähnen darf), die Instinkte, die »summarischen Impulse«, »das Organische«, »die anonymen Automatismen«, »die dunkle Welt der anarchischen Spannungen«.[1] Hier der ursprüngliche primitive Mensch, dort der hochentwickelte, sich beherrschende Künstler. Und voller Entrüstung behauptet man, die Psychoanalyse lasse mißbräuchlich das Hohe und Niedrige, das Innen und Außen miteinander in Verbindung treten. Noch mehr, sie räume ein exklusives Privileg gerade dem verborgenen »Niedrigen« ein, das, wie man versichert, in der neuen Kritik zum »erklärenden« Prinzip für das scheinbar »Höhere« werde. Damit setze sie sich der Gefahr aus, »Kieselsteine« nicht mehr von »Diamanten« unterscheiden zu können.[2] Wie soll man einen derart kindlichen Begriff zurechtrükken? Man möchte der alten Kritik begreiflich machen, daß die Psychoanalyse ihr Objekt nicht auf das »Unbewußte« reduziert[3], daß infolgedessen der psycho-

1 R. Picard a.a.O., S. 135–136.

2 Da wir bei den Edelsteinen sind, zitieren wir diese »Perle«: »Wenn man jederzeit und um jeden Preis bei einem Schriftsteller eine Obsession ausfindig machen will, setzt man sich der Gefahr aus, sie in den ›Tiefen‹ auszugraben, wo man alles finden kann, und riskiert, einen Kieselstein für einen Diamanten zu halten.« (*Midi libre,* 18. November 1965.)

3 R. Picard a.a.O., S. 122–123.

analytischen Kritik (über die man aus vielen anderen Gründen, darunter auch psychoanalytischen, diskutieren kann) zumindest nicht vorgeworfen werden kann, sie habe von der Literatur »eine gefährlich passivistische Vorstellung«[1], denn für sie ist der Autor im Gegenteil das Subjekt einer Arbeit (ein Wort, das zur psychoanalytischen Sprache gehört, wie man nicht vergessen darf), daß es andererseits eine Petitio principii ist, dem bewußten Denken einen höheren Wert zuzuschreiben und den geringeren Wert des »Unmittelbaren und Elementaren« als selbstverständlich vorauszusetzen, und daß im übrigen all diese ästhetisch-moralischen Gegensätze zwischen einem organischen, impulsiven, automatischen, ungeformten, rohen, dunklen usw. Menschen und einer beherrschten, luziden, edlen, durch den Zwang des Ausdrucks verklärenden Literatur schlicht und einfach stupide sind, weil der Mensch als Gegenstand der Psychoanalyse nicht teilbar ist und weil, entsprechend der Vorstellung von Jacques Lacan, seine Topologie nicht die eines »Innen« und »Außen«[2] und noch weniger die eines »Oben« und »Unten« ist, sondern vielmehr die einer wechselnden Vorderseite und Rückseite, deren Rollen durch die Sprache unaufhörlich ausgetauscht werden. Aber wozu? Die Unwissenheit der alten Kritik in Sachen Psychoanalyse hat die Dichte und Zähigkeit eines Mythos (wodurch sie letzten Endes sogar etwas Faszinierendes gewinnt): es handelt sich bei ihr nicht um Ablehnung, sondern

1 R. Picard a.a.O., S. 142.
2 ebenda, S. 128.

um eine geistige Disposition, die unbeirrt in der Geschichte fortbesteht: »Soll ich den Eifer einer ganzen Literatur seit fünfzig Jahren, insbesondere in Frankreich, anführen, die den Primat des Instinkts verkündet, des Unbewußten, der Intuition, des Willens im deutschen Sinn, das heißt im Gegensatz zur Intelligenz.« Das hat allerdings nicht Raymond Picard im Jahre 1965 geschrieben, sondern Julien Benda im Jahre 1927.[1]

Die Klarheit

Hier nun die letzte Zensurmaßnahme des Wahrscheinlichkeitskritikers. Wie zu erwarten, betrifft sie die Redeweise. Manche Redeweisen sind unter der Bezeichnung »Jargon« für den Kritiker verboten. Eine einzige Redeweise ist ihm vorgeschrieben: die »Klarheit«.[2]

Schon lange Zeit erfährt unsere französische Gesellschaft die »Klarheit« nicht einfach als eine Eigenschaft wörtlicher Mitteilung, als ein bewegliches Attribut, das man auf verschiedenartige Sprachen anwenden kann, sondern als ein abgetrenntes Wort: es handelt sich darum, ein bestimmtes, mit der französischen Sprache verwandtes, geheiligtes Idiom zu schreiben, wie man Hieroglyphen geschrieben hat, Sanskrit oder

1 Lobend zitiert im *Midi libre* (18. November 1965). Es wäre im übrigen an der Zeit, die Fortwirkung Julien Bendas zu untersuchen.

2 Ich erspare es dem Leser, alle Beschuldigungen des »undurchsichtigen Jargons«, der mir vorgeworfen wird, zu zitieren.

mittelalterliches Latein.[1] Dieses »französische Klarheit« genannte Idiom ist eine ursprünglich politische Sprache, die zu der Zeit entstanden ist, als die oberen Klassen – nach einem wohlvertrauten ideologischen Verfahren – ihre eigene Schreibweise zur universellen Sprache zu machen wünschten, wobei sie den Eindruck zu erwecken suchten, die »Logik« des Französischen sei eine absolute Logik. Man nannte das den »Geist der Sprache«. Der »Geist« des Französischen besteht demnach darin, zunächst das Subjekt zu präsentieren, dann die Aktion, schließlich den erleidenden Teil, einem »natürlichen Modell« entsprechend, wie man sagte. Dieser Mythos ist von der modernen Linguistik systematisch auseinandergenommen worden[2]: das Französische ist nicht mehr und nicht weniger logisch als eine andere Sprache.[3]

Wir wissen, welche Verstümmelungen die klassischen Institutionen unserer Sprache zugefügt haben. Merkwürdig ist freilich, daß die Franzosen unverdrossen stolz darauf sind, ihren Racine gehabt zu haben (den

1 All das ist im entsprechenden Stil von Raymond Queneau gesagt worden: »Diese Algebra des njutenschen Stils, dieses Esperanto, das die Verhandlungen Friedrichs von Preußen, Katharinas von Rußland erleichterte, dieser Argot der Diplomaten, Jesuiten und euklidischen Geometer bleibt gewissermaßen der Prototyp, das Ideal und das Maß aller französischen Sprache« (*Bâtons, chiffres et lettres,* Paris 1965, S. 50).

2 Vgl. Charles Bally: *Linguistique générale et Linguistique française* (4. Aufl., Bern 1965).

3 Man darf den Anspruch der Klassik, in der französischen Syntax den besten Ausdruck der universalen Logik zu sehen, nicht verwechseln mit den tiefgründigen Ansichten von Port Royal über die logischen Probleme der Sprache im allgemeinen (die jetzt von N. Chomsky wieder aufgegriffen worden sind).

Mann mit zweitausend Wörtern), und sich nie beklagen, daß sie nicht ihren Shakespeare hatten. Noch heute kämpfen sie mit grotesker Leidenschaft für ihre »französische Sprache«: regelmäßige Sprachglossen, flammende Proteste gegen ausländische Invasionen, Verdammungen bestimmter, als unerwünscht geltender Wörter. Unaufhörlich muß gereinigt, ausgekratzt, verboten, entfernt, geschützt werden. Wollte man den durchaus medizinischen Ehrgeiz imitieren, mit dem die alte Kritik die ihr unbehaglichen Ausdrucksweisen beurteilt (sie qualifiziert sie als »pathologisch«), könnte man sagen, daß es sich hier um eine Art nationaler Krankheit handelt, die Ablutionismus der Sprache heißen könnte. Der Ethno-Psychiatrie sei es überlassen, deren Bedeutung zu bestimmen; auf das Unheilvolle dieses Wortmalthusianismus' sei jedoch kurz hingewiesen: »Bei den Papuas«, schreibt der Geograph Baron, »ist die Sprache sehr arm; jeder Stamm hat seine Sprache, und ihr Vokabular wird unaufhörlich ärmer, weil man nach jedem Todesfall zum Zeichen der Trauer ein paar Wörter abschafft.«[1] In diesem Punkt wollen wir klüger sein als die Papuas; wir balsamieren ehrfurchtsvoll die Sprache der toten Schriftsteller ein und weisen Wörter und neue Bedeutungen zurück, die in der Welt der Ideen geboren werden; das Trauerzeichen gilt hier der Geburt, nicht dem Tod.

Die Bannflüche gegen die Sprache gehören zu dem kleinen Krieg zwischen Kasten von Intellektuellen.

1 E. Baron: *Géographie* (Classe de Philosophie, Ed. de l'Ecole, S. 83).

Die alte Kritik ist eine Kaste unter anderen, und die von ihr empfohlene »französische Klarheit« ist ein Jargon wie jeder andere. Sie ist ein besonderes Idiom, das von einer bestimmten Gruppe von Schriftstellern, Kritikern, Publizisten geschrieben wird, die, was das Wesentliche betrifft, nicht einmal unsere klassischen Schriftsteller nachahmen, sondern lediglich den Klassizismus unserer Schriftsteller. Dieser der Vergangenheit entnommene Jargon ist keineswegs durch präzise Forderungen des logischen Schließens oder durch den Verzicht auf Metaphern ausgezeichnet, wie es die formale Sprache der Logik sein kann (nur hier hätte man das Recht, von »Klarheit« zu sprechen), sondern durch eine Gemeinsamkeit von Stereotypen, die manchmal gewunden und überladen sind bis zum Schwulst [1], durch die Vorliebe für abgerundete Sätze und, natürlich, durch die Ablehnung mancher Wörter. Man hat es hier mit einem Konservativismus zu tun, der darauf beharrt, nichts an der Trennung und Verteilung des Wortschatzes zu ändern. Wie bei der Jagd nach dem Gold der Sprache wird jeder Disziplin (faktisch ein nur durch die Fakultäten bestimmter Begriff) ein kleines Sprachterritorium zugestanden, ein terminologischer Claim, den zu verlassen verboten ist (die Philosophie zum Beispiel hat Anrecht auf ihren Jargon). Das der Kritik eingeräumte Territorium ist je-

1 Beispiel: »Die göttliche Musik! Sie läßt alle Vorurteile in sich zusammenfallen, alle Verärgerungen, die ein früheres Werk hervorgerufen haben mag, in dem Orpheus seine Leier zerbrochen hatte ...« Dies, um vermutlich zu sagen, daß die neuen *Mémoires* von François Mauriac besser sind als die früheren (J. Piatier in *Le Monde*, 6. November 1965).

doch bizarr: obwohl speziell, weil Fremdwörter nicht eingeführt werden können (als ob der Kritiker nur sehr begrenzte begriffliche Bedürfnisse hätte), ist es doch mit der Würde allgemeiner Geltung versehen. Dieses für allgemeingültig Gehaltene, das nichts anderes ist als das Gängige, erweist sich als eine Vorspiegelung. Da es aus einer ungeheuren Menge von Ticks und Ablehnungen besteht, ist es nur ein Partikulares unter anderen; es ist das Allgemeingültige von Besitzenden.

Man kann diesen sprachlichen Narzißmus auch auf andere Weise ausdrücken: der Jargon ist die Redeweise des Anderen; der Andere ist das, was man selbst nicht ist, daher der Prüfsteincharakter seiner Redeweise. Sobald eine Redeweise nicht mehr die unserer eigenen Gruppe ist, betrachten wir sie als überflüssig, hohl, unsinnig [1], und meinen, sie werde aus läppischen oder niedrigen Motiven (Snobismus, Überheblichkeit) gebraucht; so erschien die Redeweise der »Neokritik« einem »Archäokritiker« ebenso fremdartig wie das Jiddische (ein im übrigen verdächtiger Vergleich [2]), worauf man antworten könnte, daß auch das Jiddische sich erlernen läßt. [3] »Warum nicht die Dinge

1 M. de Norpois, eponyme Figur der alten Kritik, sagt über Bergottes Sprache: »Dieser Widersinn, klangvolle Wörter aneinanderzureihen, ohne auf den Inhalt achtzugeben.« M. Proust *Auf der Suche nach der verlorenen Zeit,* edition suhrkamp, Werkausgabe Bd. 3, S. 65.

2 R. M. Albérès in *Arts,* 15. Dezember 1965 (Umfrage über die Kritik). Von diesem »Jiddisch« ist anscheinend die Sprache der Zeitungen und die der Universität ausgenommen. M. Albérès ist Journalist und Professor.

3 An der *Ecole nationale der Langues orientales.*

einfacher sagen?« Wie oft haben wir diesen Satz gehört! Aber wie oft hätten wir nicht auch das Recht, ihn zurückzugeben! Ist die alte Kritik – ohne von dem gesund und fröhlich esoterischen Charakter mancher volkstümlichen Redeweisen zu sprechen [1] – so sicher, daß sie selbst nicht auch ihren Gallimathias hat? Wäre ich selbst »alter« Kritiker, hätte ich dann nicht einigen Grund, meine Kollegen zu bitten, doch zu schreiben: »M. Pirou schreibt ein gutes Französisch« statt: »Man muß M. Piroués Feder dafür loben, daß sie uns immer wieder durch eine unvorhersehbare und glückliche Ausdrucksweise überrascht«, oder »die Bewegung des Herzens, die die Feder erhitzt und durch bissige Spitzen verletzt« [2], schlicht und einfach »Entrüstung« zu nennen. Was soll man von dieser Feder des Schriftstellers halten, die man erhitzt und die bald überrascht, bald verletzt? In Wirklichkeit ist diese Sprache nur insoweit klar, als sie allgemein akzeptiert ist.

Die literarische Redeweise der alten Kritik ist uns im Grunde jedoch gleichgültig. Wir wissen, daß sie nicht anders schreiben kann, es sei denn, sie denke anders. Denn schreiben heißt ja wohl, die Welt auf eine bestimmte Weise ordnen, heißt bereits denken (eine Sprache erlernen heißt, lernen, wie man in dieser Sprache denkt). Es ist also vergeblich (worauf sich der Wahrscheinlichkeitskritiker doch gerade beharrlich versteift), den Anderen zu bitten, sich selbst ge-

1 Die des Sports zum Beispiel.

2 P. H. Simon in *Le Monde*, 1. Dezember 1965, und J. Piatier in *Le Monde*, 23. Oktober 1965.

wissermaßen neu zu schreiben, wenn er nicht entschlossen ist, sich neu zu denken. Man sieht im Jargon der neuen Kritik nur formale Extravaganzen, die auf einen nur aus Platitüden bestehenden Inhalt geklebt sind. Allerdings ist es möglich, eine Redeweise dadurch zu »reduzieren«, daß man das System ausschaltet, durch das sie gebildet wird, das heißt: die Verbindungen, die die Bedeutung der Wörter ergeben; man kann dann alles in das gute Französisch von Chrysale [1] »übersetzen«. Warum nicht auch das Freudsche Über-Ich auf das »moralische Gewissen« der klassischen Psychologie zurückführen? Wie? Weiter ist das nichts? Ja, wenn man alles andere ausschaltet. In der Literatur gibt es aber kein re-writing, weil der Schriftsteller nicht über eine vor der anderen liegende Sprache verfügt, unter deren Ausdrücken er nach einer gewissen Anzahl von zugelassenen Kodizes aussuchen könnte (was nicht bedeutet, daß er sie nicht unermüdlich zu suchen hätte). Gewiß, es gibt eine Klarheit der Schreibweise, doch sie unterhält mehr Beziehungen zu der »Nacht des Tintenfasses«, von der Mallarmé gesprochen hat, als zu den modernen Nachahmungen Voltaires oder Nisards. Die Klarheit ist kein Attribut der Schreibweise, sie ist *diese Schreibweise selbst*, von dem Augenblick an, da sie als Schreibweise konstituiert ist; sie ist das Glück der Schreibweise, ihr ganzes Begehren. Gewiß ist für den Schriftsteller das Problem der Begrenztheit der Aufnahme, die er findet, ein ernstes Problem; aber er

1 Chrysale, Bürger aus Molières *Gelehrten Frauen*, Figur mit gesundem Menschenverstand. *(A.d.Ü.)*

wählt die Grenzen selbst, und wenn er akzeptiert, daß die Grenzen eng sind, so deshalb, weil schreiben nicht heißt, eine leichte Beziehung zum Durchschnitt aller möglichen Leser herstellen, sondern eine schwierige Beziehung zu Wörtern, zu unserer Sprache: ein Schriftsteller hat entscheidendere Verpflichtungen gegenüber der Rede, die seine Wahrheit ausmacht, als gegenüber dem Kritiker der *Nation française* oder des *Monde*. Und der Jargon ist kein Mittel, Wissenschaftlichkeit vorzutäuschen, wie man es mit völlig überflüssiger Böswilligkeit andeutet [1]; der Jargon ist etwas Imaginiertes (er schockiert im übrigen genauso wie dies), die Annäherung an die metaphorische Redeweise, deren der intellektuelle Diskurs eines Tages bedarf.

Ich verteidige das Recht auf die Redeweise, nicht meinen eigenen »Jargon«. Wie könnte ich von diesem sprechen? Es besteht ein tiefes Unbehagen (ein Unbehagen der Identität) bei der Vorstellung, daß man Besitzer einer bestimmten Redeweise sein und daß es notwendig sein könnte, sie in ihren Wesenszügen zu verteidigen wie einen Besitz. Bin ich denn vor meiner Redeweise? Wer wäre dieses Ich, Besitzer dessen, was es erst sein läßt? Wie kann ich meine Redeweise als ein Attribut meiner Person erfahren? Wie glauben, daß, wenn ich spreche, es geschieht, weil ich bin? Außerhalb der Literatur ist es vielleicht möglich, diese Illusion zu bewahren, aber die Literatur ist gerade das, was dies nicht erlaubt. Und wer die Redeweisen

1 R. Picard a.a.O., S. 52.

der anderen mit einem Bannfluch belegt, schließt sich selber aus der Literatur aus. Man kann nicht mehr, man sollte nicht mehr, wie zur Zeit von Saint-Marc Girardin [1], sich zur Polizei über eine Kunst aufwerfen und den Anspruch erheben dürfen, darüber zu sprechen.

Der Asymbolismus

Das macht den Wahrscheinlichkeitskritiker im Jahre 1965 aus: Man muß von einem Buch mit »Objektivität«, mit »Geschmack« und mit »Klarheit« sprechen. Diese Regeln stammen nicht aus unserer Zeit; die beiden letzteren stammen aus dem Jahrhundert der Klassik, die erste aus dem Jahrhundert des Positivismus. Es bildet sich so ein Korpus von diffusen Normen, halb-ästhetischen (die aus dem klassischen »Schönen« abgeleitet sind), halb vernünftigen (die sich aus dem »gesunden Menschenverstand« herleiten). Man schafft so etwas wie eine bequeme und beruhigende Drehtür zwischen der Kunst und der Wissenschaft, wodurch man der Notwendigkeit enthoben ist, sich jemals ganz im Bereich der einen oder anderen aufzuhalten.
Solche Doppeldeutigkeit drückt sich in einer Lehre aus, die das große testamentarische Erbe der alten Kritik zu enthalten scheint; jedenfalls wird sie so häufig wie fromm wiederholt. Sie besagt, man müsse das Spezifische der Literatur respektieren. [2] Als kleine

1 Literaturhistoriker (1801–1873). (*A. d. Ü.*)
2 R. Picard a.a.O., S. 117.

Kriegsmaschine gegen die neue Kritik aufgebaut, die man beschuldigt, sie sei gleichgültig gegen das, was »an der Literatur gerade literarisch ist«, und zerstöre »die Literatur als originale Realität«[1]; unablässig wiederholt, aber niemals erklärt, genießt diese Behauptung natürlich die unangreifbaren Vorzüge einer Tautologie: »Die Literatur ist die Literatur«. So kann man gleichzeitig die Undankbarkeit der neuen Kritik bemäkeln, die unempfindlich ist für das, was infolge eines Dekrets des Wahrscheinlichkeitlers die Literatur an Kunst, Empfindung, Schönheit, Humanität enthält[2], und zugleich vorgeben, man rufe die Kritik zu einer neuen Wissenschaftlichkeit auf, die endlich das literarische Objekt »in sich« betrachte, ohne dabei anderen, historischen oder anthropologischen, Wissenschaften noch etwas zu schulden. Derlei »Erneuerung« ist im übrigen schon recht abgestanden: ungefähr mit den gleichen Ausdrücken warf Brunetière schon Taine vor, er habe das »wesentlich Literarische«, das heißt »die gattungseigenen Gesetze«, allzusehr vernachlässigt.

Der Versuch, die Struktur literarischer Werke herauszuarbeiten, ist ein wichtiges Unterfangen, und manche Kritiker befassen sich damit nach Methoden, von denen die alte Kritik kein Wort verlauten läßt, was wiederum nicht verwunderlich ist, denn sie behauptet ja, sich der Untersuchung von Strukturen zu widmen, ohne deswegen »Strukturalismus« zu betreiben (ein

1 R. Picard a.a.O., S. 104, S. 112.

2 »... das Abstrakte dieser neuen inhumanen und antiliterarischen Kritik«, *Revue parlementaire* (15. November 1965).

Wort, das sie ärgert und von dem die französische Sprache »gereinigt« werden muß). Zweifellos soll sich die Lektüre an das Wortwörtliche der Werke halten; aber einerseits sieht man nicht recht, wie man es, nachdem die Formen einmal klargestellt sind, vermeiden könnte, auf Inhalte zu treffen, die aus der Geschichte oder aus der Psyche stammen, aus jenen außerhalb liegenden Bereichen, von denen die alte Kritik um keinen Preis etwas wissen will; andererseits ist die strukturale Analyse der Werke wesentlich schwieriger, als man sich vorstellt, denn – außer man beschränke sich auf freundliches Gerede über die Gliederung – sie kann nur von logischen Modellen aus geschehen. In der Tat läßt sich der spezifische Charakter der Literatur nur innerhalb einer allgemeinen Theorie der Zeichen postulieren: um mit Berechtigung eine werkimmanente Lektüre zu verteidigen, muß man wissen, was Logik, Geschichte, Psychoanalyse sind. Kurz, um das Werk der Literatur zurückzugeben, muß man die Literatur verlassen und an eine anthropologische Kultur appellieren. Ich bezweifle, daß die alte Kritik darauf vorbereitet ist. Für sie, so scheint es, handelt es sich um etwas spezifisch Ästhetisches, das es zu verteidigen gilt. Sie will in dem Werk einen absoluten, durch keine der unwürdigen außerhalb wirkenden Kräfte wie die Geschichte oder die Psyche antastbaren Wert sehen. Sie will kein konstituiertes, sondern ein reines Werk, dem man jede Kompromittierung durch die Welt, jede Mesalliance mit dem Trieb erspart. Das Modell dieses schamhaften Strukturalismus ist nichts als moralisch.

»Über die Götter sage, daß sie Götter sind«, empfahl Demetrios von Phaleron. Der Imperativ des Wahrscheinlichkeitskritikers ist von der gleichen Art: »Über die Literatur sage, daß sie die Literatur ist.« Die Tautologie ist durchaus nicht willkürlich: man tut zunächst so, als glaube man, es sei möglich, von der Literatur zu sprechen, sie zum Gegenstand des Redens zu machen, aber dieses Reden wird kurzgeschlossen, da von dem Gegenstand nichts anderes zu sagen ist, als daß es er selbst ist. Der Wahrscheinlichkeitskritiker endet beim Schweigen oder bei dessen Substitut, dem Geschwätz. Eine liebenswürdige »Plauderei« nannte Roman Jakobson schon 1921 die Literaturgeschichte. Gelähmt durch die Verbote, mit denen er die Achtung vor dem Werk ausschmückt (das für ihn ausschließlich der wahrgenommene Buchstabe ist), kann der Wahrscheinlichkeitskritiker kaum sprechen; der winzige Redefaden, den ihm all seine Zensurmaßnahmen übriglassen, erlaubt ihm nur, das Anrecht der Institutionen auf die toten Schriftsteller zu behaupten. Des Rechtes, das literarische Werk durch eine zweite Sprache zu verdoppeln, hat er sich beraubt, weil er deren Risiken nicht eingeht.
Alles in allem ist auch das Schweigen eine Art und Weise abzudanken. Vermerken wir also zum Abschied das Scheitern dieser Kritik. Da ihr Gegenstand die Literatur ist, hätte sie versuchen können, die Bedingungen zu ermitteln, unter denen ein Werk möglich ist, hätte, wenn schon nicht eine Wissenschaft, so doch wenigstens eine Technik der literarischen Operation skizzieren können; doch die Mühe, dergleichen

Forschungen zu unternehmen, hat sie den Schriftstellern selbst überlassen (und glücklicherweise haben, von Mallarmé bis Blanchot, diese nicht darauf verzichtet), die niemals vergessen haben, daß die Sprache das eigentliche Material der Literatur ist, und die auf ihre Weise sich der *objektiven* Wahrheit ihrer Kunst genähert haben. Zumindest hätte man jedoch die Befreiung der Kritik akzeptieren können – die nicht die Wissenschaft ist und auf sie keinen Anspruch erhebt –, so daß sie uns die Bedeutung vermitteln könnte, die moderne Menschen den Werken der Vergangenheit zu geben vermögen. Meint man denn, daß Racine uns »von selbst« in der Wörtlichkeit des Textes etwas angeht? Weiß Gott, was soll uns ein »leidenschaftliches aber schamhaftes« Theater? Was mag das heute bedeuten: ein »stolzer und großmütiger Fürst«? [1] Welch seltsame Sprache! Man erzählt uns von einem »männlichen« Helden (ohne jedoch irgendeine Anspielung auf sein Geschlecht zu erlauben); in einer Parodie würde uns ein solcher Ausdruck zum Lachen bringen. Gerade das geschieht im übrigen, wenn wir ihn in dem *Brief des Sophokles an Racine* lesen, den Gisèle, die Freundin Albertines, für ihre Prüfungsarbeit verfaßt hat (»die Charaktere sind männlich« [2]). Was betreiben denn Gisèle und Andrée anderes als alte Kritik, wenn sie anläßlich desselben Racine von der »tragischen Gattung« sprechen, von der »Handlung« (wir finden hier die »Gesetze der Gattung« wieder),

1 R. Picard, a.a.O., S. 34 und S. 32.

2 M. Proust: *Auf der Suche nach der verlorenen Zeit.* Werkausgabe, edition suhrkamp, Bd. 4, S. 912.

von »gut hingestellten Personen« (da ist die »Kohärenz der psychologischen Implikationen«), und notieren, daß *Athalie* keine »Liebestragödie« ist (man erinnert uns ebenso daran, daß *Andromaque* kein patriotisches Drama ist) usw.[1] Das kritische Vokabular, in dessen Namen man uns Vorwürfe macht, ist das eines jungen Mädchens, das vor einem Dreivierteljahrhundert sich auf eine Abschlußprüfung vorbereitete. Seitdem hat es aber Marx, Freud und Nietzsche gegeben, und Lucien Febvre und Merleau-Ponty haben das Recht gefordert, die Geschichte der Geschichte, die Geschichte der Philosophie immer wieder neu zu schreiben. Warum erhebt sich nicht eine Stimme, um der Literatur dasselbe Recht zuzubilligen?

Von diesem Schweigen, diesem Scheitern kann man, wenn man es auch nicht erklärt, doch auf eine andere Weise sprechen. Die alte Kritik ist Opfer einer Disposition, die den Analytikern der Sprache gut bekannt ist und die sie *Asymbolie* nennen[2]: es ist ihr unmöglich, Symbole, das Nebeneinander von Bedeutungen, wahrzunehmen oder mit ihnen umzugehen. Bei ihr ist die allgemeine Symbolfunktion, die es den Menschen ermöglicht, Ideen, Bilder und Werke außerhalb eines ganz eng rationalistischen Gebrauchs der Sprache zu konstruieren, gestört, begrenzt oder zensiert.

1 R. Picard a.a.O., S. 30. Ich habe natürlich niemals aus *Andromaque* ein patriotisches Drama gemacht; solche Gattungsunterscheidungen waren nicht meine Absicht – was man mir ja gerade vorgeworfen hat. Ich habe von der Figur des Vaters in *Andromaque* gesprochen, das ist alles.

2 H. Hécaen und R. Angelergues: *Pathologie du langage*, Paris, 1965, S. 32.

Zweifellos kann man von einem literarischen Werk ohne jede Bezugnahme auf das Symbol sprechen. Das ist eine Sache des gewählten Gesichtspunktes, den man nur anzugeben braucht. Ohne von dem weiten Bereich der literarischen Institutionen zu sprechen, der Sache der Geschichte ist[1], und um beim einzelnen Werk zu bleiben, steht es fest, daß ich für die Darstellung *Andromaques* unter dem Gesichtspunkt der Einnahmen aus den Aufführungen oder bei der Behandlung von Prousts Manuskripten unter dem Gesichtspunkt der Materialität ihrer Streichungen nicht die symbolische Natur der literarischen Werke kennen muß: ein der Sprache Beraubter kann sehr gut Körbe flechten oder Schreinerarbeiten machen. Doch sobald man den Anspruch erhebt, das Werk selbst unter dem Gesichtspunkt seiner Konstituierung zu betrachten, ist Verständnis für seine Symbole unerläßlich, ja zu fordern.

Das hat die neue Kritik getan. Jedermann weiß, daß sie bisher offen vom Zeichencharakter der Werke ausgegangen ist und dem, was Bachelard die Eklipsen des Bildes genannt hat. Und doch ist niemand in dem Streit, den man mit ihr angefangen hat, auch nur einen Augenblick auf die Idee gekommen, daß es sich um Symbole handeln könnte und man infolgedessen über die Freiheiten und Grenzen einer ausdrücklich an die literarischen Symbole anknüpfenden Kritik diskutieren müßte. Man hat die totalitären Rechte der Buchstäblichkeit verkündet, ohne jemals hören zu las-

1 Vgl. *Sur Racine*, »Histoire ou Littérature?«, S. 147 f.

sen, daß auch das Symbol seine Rechte haben könnte, die vielleicht nicht nur die wenigen restlichen Freiheiten sind, die die Buchstäblichkeit ihm freundlicherweise überlassen will. Schließt die Buchstäblichkeit das Symbol aus oder erlaubt sie es? Bedeutet das Werk wortwörtlich oder symbolisch etwas – oder aber, nach dem Wort Rimbauds, »wörtlich und in allen Bedeutungen« [1]? Das hätte das Problem der Auseinandersetzung sein können. Die Analysen in *Sur Racine* sind alle mit einer bestimmten symbolischen Logik verknüpft, wie in der Einleitung des Buches erklärt wird. Man hätte entweder die Existenz oder die Möglichkeit solcher Logik bestreiten müssen (was im übrigen den Vorteil gehabt hätte, die Debatte auf ein höheres Niveau zu heben, wie man sagt), oder man hätte zeigen müssen, der Verfasser von *Sur Racine* habe deren Regeln schlecht angewandt – was er gern anerkannt hätte, insbesondere zwei Jahre nachdem er sein Buch veröffentlicht und sechs Jahre nachdem er es geschrieben hat. Es zeugt von einer merkwürdigen Art des Lesens, wenn man alle Einzelheiten in einem Buch bestreitet, ohne einen Augenblick zu erkennen zu geben, daß man dessen Gesamtabsicht, seinen Sinn, verstanden hat. Die alte Kritik erinnert an jene archaischen Menschen, von denen Ombredan berichtet, die, als sie zum erstenmal vor einen Film gesetzt wurden, von der ganzen Szene nur das Huhn sahen, das den Dorfplatz überquerte. Es ist unsinnig, der Buchstäblichkeit

1 Rimbaud schrieb an seine Mutter, die *Une Saison en enfer* nicht verstand: »Ich habe sagen wollen, was es sagt, wörtlich und in allen seinen Bedeutungen« (*Œuvres complètes, Pléiade* p. 656, Paris 1963).

absolute Geltung zuzusprechen und dann jedes Symbol im Namen eines Prinzips anzufechten, das nicht dafür geschaffen ist. Würde man einem Chinesen (da die neue Kritik ja als eine seltsame fremde Sprache gilt) vorhalten, daß er Französischfehler macht, *wenn er chinesisch spricht?*

Aber warum diese Taubheit für Symbole, diese Asymbolie? Was ist am Symbol so bedrohlich? Warum bringt die Vielfältigkeit der Bedeutung, die doch Grundlage des Buches ist, die Rede über das Buch in Gefahr? Und, noch einmal, warum gerade heute?

Zweiter Teil

Nichts ist für eine Gesellschaft von größerer Wichtigkeit als die Klassifikation ihrer Sprachen. Die Klassifikation ändern, das Sprechen verschieben heißt, eine Revolution machen. Zwei Jahrhunderte lang hat sich der französische Klassizismus definiert durch die Einteilung, die Hierarchie und die Stabilität seiner Schreibweisen, und die Revolution der Romantik hat sich selbst ausdrücklich als eine Umwälzung der Klassifizierung verstanden. Nun vollzieht sich seit ungefähr hundert Jahren, ganz gewiß aber seit Mallarmé, eine bedeutsame Veränderung der alten Positionen unserer Literatur: die doppelte Funktion der Schreibweise, die poetische und kritische, wird ausgetauscht und verschmilzt in eine.[1] Nicht nur betreiben die Schriftsteller gleichzeitig auch Kritik, oft spricht ihr Werk selbst die Bedingungen seines Entstehens (Proust) oder gar seiner Verhinderung (Blanchot) aus. Eine einzige Sprechweise will die gesamte Literatur erfassen; es gibt keine Poeten und Romanciers mehr: es gibt nur noch die Schreibweise.[2]

Die Krise des Kommentars

Nun wird durch eine ergänzende Bewegung auch der Kritiker zum Schriftsteller. Natürlich ist das Streben,

1 Vgl. Gerard de Genette: *Rhétorique et Enseignement au XXe siècle*, in Revue *Annales* 1966.

2 »Die Poesie, die Romane, die Erzählungen sind merkwürdige Antiquitäten, die niemand oder fast niemand mehr täuschen. Gedichte, Erzählungen wozu? Es bleibt nur noch die Schreibweise.« J. M. G. le Clézio im Vorwort zu *La Fièvre*, Paris 1965.

Schriftsteller sein zu wollen, nicht das Erheben eines Anspruchs auf einen Stand, sondern eine Seinsintention. Was schert es uns, ob es ruhmreicher ist, Romancier, Poet, Essayist oder Publizist zu sein? Der Schriftsteller kann nicht durch Ausdrücke, die die Rolle oder den Wert bezeichnen, definiert werden, sondern nur durch ein bestimmtes Bewußtsein des Redens. Der ist Schriftsteller, für den die Sprache ein Problem bildet, der ihre Tiefe erleidet, nicht ihren Instrumentalcharakter oder ihre Schönheit. So sind neuerdings Bücher entstanden, die sich gleich wie das literarische Werk für die Lektüre anbieten, obwohl ihre Autoren dem Stande nach lediglich Kritiker und keine Schriftsteller sind. Wenn die neue Kritik etwas Realität besitzt, dann liegt sie darin; nämlich nicht in der Einheitlichkeit ihrer Methoden, und noch weniger in dem Snobismus, durch den sie, wie man bequemerweise sagt, aufrecht erhalten wird, sondern in der Einsamkeit des kritischen Aktes, der nun – weit entfernt von Alibis durch Wissenschaft und Institutionen – sich als ein Akt des Schreibens und der Schreibweise bestätigt. Einst getrennt durch den verbrauchten Mythos vom »erhabenen Schöpfer und dem bescheidenen Diener, die beide, jeder an seinem Platz, notwendig sind usw.«, vereinigen sich Schriftsteller und Kritiker heute angesichts ein und desselben Objekts, der Sprache, und in ein und derselben schwierigen Arbeitsbedingung.

Diese Grenzüberschreitung wird, wie man gesehen hat, nicht geduldet. Und doch ist sie vielleicht, wenn man einstweilen auch noch für sie zu Felde ziehen muß, bereits überholt durch eine neue Umwandlung, die sich am Horizont zeigt. Nicht mehr nur die Kritik hat zu tun mit dieser »Durchquerung der Schreibweise« [1], die möglicherweise einmal unser Jahrhundert kennzeichnen wird, sondern der gesamte intellektuelle Diskurs. Schon vor vier Jahrhunderten hat Ignatius von Loyola, der Begründer des Ordens, der wahrscheinlich am meisten für die Rhetorik getan hat, in seinen *Geistlichen Übungen* das Modell eines dramatisierten Diskurses aufgestellt, der anderen Kräften ausgesetzt ist als dem Syllogismus oder der Abstraktion, wie dem scharfsinnigen Georges Bataille nicht entgangen ist. [2] Seither haben immer wieder Schriftsteller, zum Beispiel Sade und Nietzsche, die Regeln intellektueller Darlegung verbrannt und übersprungen. Und darin liegt, was heute offen in Frage gestellt wird. Der Intellekt dringt zu einer anderen Logik vor, er erreicht die Region der »inneren Erfahrung«. Ein und dieselbe, allem Sprechen – sei es fiktiv, poetisch oder diskursiv – gemeinsame Wahrheit wird gesucht, weil sie die Wahrheit des Sprechens selbst ist. Wenn Jacques Lacan spricht [3], ersetzt er die traditionelle Abstraktion der Begriffe durch die Expansion des Bildes im Feld des Sprechens. Auf einem anderen

1 Philippe Sollers: *Dante et la traversée de l'écriture* in *Tel Quel* Nr. 23, Herbst 1965.

2 »... In diesem Punkt sehen wir die zweite Bedeutung des Wortes ›dramatisieren‹: es ist der zum Diskurs hinzutretende Wille, sich nicht an das Ausgesagte zu halten, dazu zu zwingen, das Eisige des Windes zu spüren, nackt zu sein ... Dazu ist zu sagen, daß es ein klassischer Irrtum ist, die Übungen des Heiligen Ignatius der diskursiven Methode zuzuweisen ...« (*L'Expérience intérieure*, Gallimard, Paris 1954, S. 26).

3 In seinem Seminar der *Ecole pratique des Hautes Etudes*.

Gebiet schlägt Claude Lévi-Strauss unter Verzicht auf den herkömmlichen Begriff der »Entwicklung« mit *Le Cru et le Cuit* eine neue Rhetorik der *Variation* vor und führt eine neue Verantwortlichkeit der Form ein, die in Werken der Geisteswissenschaften zu finden man kaum gewohnt ist. Ohne Zweifel: es vollzieht sich eine allgemeine Umwandlung der diskursiven Rede, eben die, durch die der Kritiker sich dem Schriftsteller nähert: wir erleben eine Krise des Kommentars, die vielleicht genauso bedeutsam ist wie jene, die in bezug auf das gleiche Problem den Übergang vom Mittelalter zur Renaissance markiert.

Diese Krise ist tatsächlich von dem Augenblick an, da man die symbolische Natur der Sprechweise oder die linguistische Natur des Symbols entdeckt – oder wiederentdeckt – unvermeidlich. Sie verschärft sich heute unter dem Einfluß der Psychoanalyse und des Strukturalismus. Lange Zeit hat die klassisch-bürgerliche Gesellschaft im Wort ein Instrument oder einen Schmuck gesehen; wir betrachten es heute als ein Zeichen und eine Wahrheit. Alles, was die Sprache berührt, wird also aufs neue in Frage gestellt: die Philosophie, die Geisteswissenschaften, die Literatur.

Das ist die Auseinandersetzung, innerhalb derer man nun die Literaturkritik sehen muß, der Einsatz, dessen Gegenstand sie zum Teil ist. Welches sind die Beziehungen zwischen dem Werk und der Sprechweise? Wenn das Werk symbolisch ist, welche Regeln gelten dann für die Lektüre? Kann es eine Wissenschaft von den geschriebenen Symbolen geben? Kann die Sprache des Kritikers selber symbolisch sein?

Das Tagebuch als literarische Gattung ist von dem Soziologen Alain Girard und dem Schriftsteller Maurice Blanchot auf sehr unterschiedliche Weise gedeutet worden. [1] Für den einen ist das Tagebuch der Ausdruck bestimmter sozialer, familiärer, beruflicher usw. Umstände, der andere erblickt in ihm einen von der Angst bestimmten Versuch, die Einsamkeit in der Schreibweise hinauszuzögern. Das Tagebuch besitzt also mindestens zwei Bedeutungen, von denen jede einleuchtet, weil sie in sich kohärent ist. Es ist dies eine banale Tatsache, für die man tausend Beispiele in der Geschichte der Kritik und in der Vielfalt der Lesarten, die ein und dasselbe Werk zuläßt, finden könnte; für uns ist sie wertvoll, weil sie zeigt, daß ein Werk mehrere Bedeutungen hat. Jede Epoche kann in der Tat glauben, sie kenne die kanonische Bedeutung eines Werkes; indes muß man die Geschichte nur ein wenig erweitern, um diese singuläre Bedeutung in eine plurale zu verwandeln und das geschlossene Werk in ein offenes. [2] Die Definition des Werkes selbst verändert sich. Es ist nicht mehr ein historisches, es wird zu einem anthropologischen Faktum, da keine Geschichte es voll und ganz ausschöpft. Die Vielfalt der Bedeutungen erklärt sich also nicht durch eine relativistische Betrachtungsweise der menschlichen Sitten, sie bezeichnet nicht etwa eine Neigung der Ge-

1 Alain Girard: *Le Journal intime*, Paris 1963; Maurice Blanchot: *L'Espace littéraire*, Paris 1955, S. 20.
2 Vgl. *L'Œuvre ouverte* von Umberto Eco, Paris 1965.

sellschaft zum Irrtum, sondern eine Disposition des Werkes: seine Offenheit. Das Werk besitzt gleichzeitig mehrere Bedeutungen, und zwar aufgrund seiner Struktur, nicht infolge eines Unvermögens derer, die es lesen. Darin ist es symbolisch: nicht das Bild ist das Symbol, sondern die Vielfalt der Bedeutungen.[1] Das Symbol ist konstant. Lediglich das Bewußtsein, das die Gesellschaft von ihm hat, und die Rechte, die sie ihm einräumt, können variieren. Die Freiheit des Symbols ist im Mittelalter gewissermaßen kodifiziert worden, wie man an der Theorie der vier Bedeutungen erkennt[2]; die Gesellschaft der Klassik hat sich dagegen im allgemeinen sehr schlecht mit ihr abgefunden, sie hat sie übergangen oder, wie auch die heutigen Überreste dieser Gesellschaft, eingeschränkt. Die Ge-

1 Ich weiß sehr wohl, daß das Wort »Symbol« in der Semiologie eine ganz andere Bedeutung hat, wo die symbolischen Systeme vielmehr jene sind, in denen »eine einzige Form gesetzt werden kann und jeder Ausdruckseinheit doppeleindeutig eine Inhaltseinheit entspricht«, gegenüber den semiotischen Systemen (Sprache, Traum), bei denen es nötig ist, »zwei verschiedenartige Formen zu postulieren, die eine für den Ausdruck, die andere für den Inhalt, die untereinander nicht konform sind« (N. Ruwet: *La Linguistique générale aujourd'hui* in *Arch. europ. de Sociologie V*, 1964, S. 287). – Es ist offenkundig, daß nach dieser Definition die Symbole des Werkes zu einer Semiotik und nicht zu einer Symbolik gehören. Ich behalte hier vorläufig trotzdem das Wort Symbol bei, in dem allgemeinen Sinn, den ihm P. Ricoeur gibt und der für die folgenden Behauptungen ausreicht (»Es besteht ein Symbol, wenn die Sprache Zeichen zusammengesetzten Grades hervorbringt, bei denen die Bedeutung sich nicht damit begnügt, etwas zu bezeichnen, sondern eine andere Bedeutung bezeichnet, die nur in ihrer und durch ihre Zielrichtung getroffen werden könnte«; *De l'Interprétation, Essai sur Freud*, Paris 1965, S. 25).

2 Wörtliche, allegorische, moralische und anagogische Bedeutung. Es gibt natürlich ein Fortbestehen der Bedeutungen, das in Richtung auf die anagogische Bedeutung orientiert ist.

schichte der Freiheit der Symbole ist zweifellos durch Gewalttätigkeit gekennzeichnet, und natürlich hat auch dies seine Bedeutung: man zensiert die Symbole nicht ungestraft. Wie dem aber auch sei, es handelt sich um ein institutionelles und nicht, wenn man so sagen kann, um ein strukturales Problem: was auch die Gesellschaften denken oder verfügen, das Werk reicht über sie hinaus, geht durch sie hindurch, in der Art einer Form, die nacheinander von mehr oder weniger kontingenten, historischen Bedeutungen erfüllt wird: ein Werk »dauert«, nicht weil es verschiedenartigen Menschen eine einzige Bedeutung aufzwingt, sondern weil es einem einzigen Menschen verschiedenartige Bedeutungen nahelegt, weil es immer die gleiche Symbolsprache durch verschiedenartige Zeiten hindurch spricht. Das Werk denkt, der Mensch lenkt.

Jeder Leser merkt das, wenn er sich durch die Zensurmaßnahmen der Buchstäblichkeit nicht einschüchtern läßt. Spürt er nicht, daß er mit etwas jenseits des Textes Liegendem in Verbindung tritt, als ob die primäre Sprache des Werkes andere Worte in ihm entwickelte und ihn lehrte, eine zweite Sprache zu sprechen? Gerade das nennt man träumen. Doch der Traum hat seine Avenuen, nach dem Wort von Bachelard, und diese Avenuen sind vor dem Wort von der zweiten Sprache des Werkes gezeichnet. Literatur ist Erforschung des Namens. Proust hat aus den wenigen Klängen von »Guermantes« eine Welt gewonnen. Im Grunde nämlich glaubt der Schriftsteller, die Zeichen seien nicht willkürlich und der Name sei ein natürlicher Besitz der Sache; er steht auf der Seite des Kratylos, nicht des Hermogenes. Wir müssen lesen, wie man schreibt, erst dann »verherrlichen« wir die Literatur (»verherrlichen« heißt »in seinem Wesen bekunden«). Denn wenn die Wörter nur eine Bedeutung, die des Wörterbuches, hätten, wenn eine zweite Sprache nicht die »Gewißheiten der Sprache« verwirren und befreien würde, gäbe es keine Literatur.[1] Deshalb sind die Regeln der Lektüre nicht die der Buchstäblichkeit, sondern die der Anspielung; es sind linguistische, keine philosophischen Regeln.[2]

Die Philologie hat den Zweck, die wörtliche Bedeutung einer Aussage zu fixieren; über die zweiten Bedeutungen hat sie jedoch keinerlei Macht. Im Gegenteil, die Linguistik arbeitet daran, die Vieldeutigkeiten der Sprache zu verstehen und gewissermaßen zu konstituieren, anstatt sie einzuschränken. Indem der Linguist sich dem nähert, was die Dichter seit langem unter dem Namen Anspielung oder Evokation kennen, gibt er dem Schwanken der Bedeutungen ein

1 Mallarmé schrieb an Francis Vielé-Griffin: »Wenn ich Sie recht verstehe, begründen Sie das schöpferische Privileg des Dichters mit der Unvollkommenheit des Instrumentes, auf dem er spielen muß; eine Sprache, von der man annähme, daß sie sein Denken auf adäquate Weise übersetzte, würde den Literaten abschaffen, der sich dann Herr Jedermann nennen würde.« (Zitiert von J. P. Richard in *L'Univers imaginaire de Mallarmé*, Paris 1961, S. 576.)

2 Man hat kürzlich der neuen Kritik wiederholt vorgeworfen, sie erschwere die Aufgabe des Erziehers, die, wie es scheint, im wesentlichen darin besteht, »lesen zu lehren«. Die alte Rhetorik hatte als Ehrgeiz, »schreiben zu lehren«: sie gab Regeln für das Schöpferische (für die Imitation), nicht für die Rezeption. Man kann sich fragen, ob es nicht bedeutet, die Lektüre ärmer zu machen, wenn man derart die Regeln isoliert. Gut lesen bedeutet virtuell gut schreiben, schreiben bedeutet verstehen gemäß dem Symbol.

wissenschaftliches Statut. So hat Roman Jakobson auf der konstitutiven Vieldeutigkeit der literarischen Mitteilung insistiert. Das heißt, daß diese Vieldeutigkeit nicht von irgendwelchen ästhetischen Meinungen über die Freiheiten der Interpretation abhängt, und noch weniger von einer moralischen Zensur ihrer Risiken, sondern daß man sie in Kodexausdrücken formulieren kann: die Symbolsprache, also auch die der literarischen Werke, ist ihrer Struktur nach eine plurale Sprache, deren Kodex so beschaffen ist, daß jedes Werk, das auf sie zurückgeht, vielfache Bedeutungen hat. Diese Disposition besteht schon in der praktischen Sprache, die viel mehr Unsicherheiten enthält, als man zuzugeben bereit ist – womit jedoch die Linguisten anfangen sich zu befassen. [1] Doch sind die Vieldeutigkeiten der praktischen Sprache nichts neben denen der literarischen Sprache. Die ersten sind reduzierbar durch die Situation, in der sie erscheinen: irgend etwas außerhalb des noch so vieldeutigen Satzes, ein Zusammenhang, eine Geste, eine Erinnerung, sagt uns, wie wir ihn zu verstehen haben, wenn wir die Information benutzen wollen, die er uns übermitteln soll; die Kontingenz ergibt hier eine klare Bedeutung.

Nichts dergleichen beim literarischen Werk, das für uns ohne Kontingenz ist. Es wird vielleicht gerade dadurch am besten definiert: das Werk steht nicht in einer Situation, es ist nicht von ihr geschützt, bezeichnet, gelenkt; keinerlei Praxis kann uns die Bedeutung

1 Vgl. A. J. Greimas: *Cours de Semantique*, insbesondere Kap. VI über die »Isotopie des Diskurses« (Vervielfältigte Vorlesung an der *Ecole normale supérieure* von Saint Cloud, 1964).

sagen, die man ihm geben soll. Es hat etwas Zitathaftes an sich: in ihm ist die Vieldeutigkeit völlig rein, so weitschweifig es auch sein mag, es besitzt etwas von der pythischen Bündigkeit, Worte, die einem Kodex entsprechen (die Pythia schweifte nicht ab) und doch für mehrere Bedeutungen offen sind, denn sie wurden außerhalb jeder Situation gesprochen – es sei denn der Situation der Vieldeutigkeit selbst; das Werk befindet sich immer in der Situation der Vieldeutigkeit. Gewiß kann ich, indem ich meine eigene Situation der Lektüre eines Werkes hinzufüge, seine Vieldeutigkeit vermindern (und das geschieht gewöhnlich auch); aber diese sich verändernde Situation setzt das Werk zusammen, sie findet es nicht auf. Das Werk kann gegen die Bedeutung, die ich ihm gebe, nicht protestieren, sobald ich mich selbst den Zwängen des Symbolkodex unterwerfe, der es begründet, das heißt: sobald ich bereit bin, in der Spur der Symbole zu lesen. Aber es kann ebensowenig diese Bedeutung authentisch machen, denn der zweite Kodex des Werkes ist begrenzend, nicht vorschreibend, er begründet Vieldeutigkeiten, nicht eine Bedeutung.

Gerade weil es mit keiner Situation identifiziert werden kann, verlangt das Werk nach Analyse. Dem, der es schreibt oder liest, erscheint es als eine Frage an die Sprache, deren Grundlagen man erprobt und deren Grenzen man berührt. Das Werk wird zum Werkzeug für eine unablässige Untersuchung der Wörter. [1]

1 Das Thema der Untersuchung der Sprache durch den Schriftsteller hat Marthe Robert in Studien über Kafka herausgearbeitet und behandelt, insbesondere in *Kafka*, Paris 1960.

Denn das Symbol, von dem man annimmt, daß es dem Bereich der Imagination zuzuschlagen sei, hat durchaus eine kritische Funktion, und der Gegenstand seiner Kritik ist die Sprache selbst. Zu den *Kritiken der Vernunft*, die die Philosophie geliefert hat, mag man sich eine *Kritik der Sprache* denken, und das ist die Literatur selbst.

Wenn es zutrifft, daß das Werk durch seine Struktur eine vielfache Bedeutung enthält, muß es zwei verschiedenartige Analysen erlauben; einerseits kann man alle seine möglichen Bedeutungen ins Auge fassen, oder, was auf dasselbe hinausläuft, die leere Bedeutung, die sie alle trägt, und andererseits kann man eine einzige Bedeutung ins Auge fassen. Diese beiden Formen der Analyse dürfen auf keinen Fall miteinander verwechselt werden, denn sie haben weder den gleichen Gegenstand noch die gleichen Sanktionierungen. Man könnte die Bezeichnung »Wissenschaft von der Literatur« (oder von der Schreibweise) für die allgemeine Analyse vorschlagen, deren Gegenstand nicht eine bestimmte Bedeutung sondern die Vielfalt der Bedeutungen des Werkes ist, und die Bezeichnung »Literaturkritik« für die andere, die es offen und auf eigene Gefahr darauf abgesehen hat, dem Werk eine spezielle Bedeutung zu geben. Diese Unterscheidung reicht jedoch nicht aus. Da die Bedeutungsgebung geschrieben oder unausgesprochen geschehen kann, wird man die Lektüre des Werkes von der Kritik trennen; die erste vollzieht sich unmittelbar, die zweite ist durch eine Sprache vermittelt: durch die Schreibweise des Kritikers. Wissenschaft, Kritik, Lektüre: das ist das dreifache Sprechen, durch das wir gehen müssen, um rings um das Werk seinen Sprachkranz zu flechten.

Die Wissenschaft von der Literatur

Wir besitzen eine Geschichte der Literatur, aber keine Wissenschaft von der Literatur, und zwar sicher deshalb, weil wir die Natur des literarischen Objekts, das ein geschriebenes Objekt ist, noch nicht voll zu erkennen vermocht haben. Sobald man einräumt, daß das Werk aus Geschriebenem besteht (und daraus die Konsequenzen zieht), ist eine Wissenschaft von der Literatur möglich. Ihr Gegenstand (wenn sie eines Tages existiert) wird nicht sein können, dem Werk eine Bedeutung aufzuzwingen, in deren Namen sie sich dann das Recht zuerkennt, die anderen Bedeutungen zurückzuweisen; dabei würde sie sich kompromittieren (wic sic es bisher getan hat). Es wird keine Wissenschaft der Inhalte sein können (die allein dem Zugriff der strengsten historischen Wissenschaft unterliegen), sondern eine Wissenschaft von den Bedingungen des Inhalts, das heißt der Formen: was sie interessieren wird, sind die Variationen der in den Werken angelegten und gewissermaßen anlegbaren Bedeutungen. Sie wird nicht die Symbole interpretieren, sondern lediglich ihre Polivalenz. In einem Wort: ihr Objekt werden nicht mehr die erfüllten Bedeutungen der Werke sein, sondern die leere Bedeutung, die alle jene trägt.

Ihr Vorbild wird die Linguistik sein. Angesichts der Unmöglichkeit, alle Sätze einer Sprache zu beherrschen, ist der Linguist bereit, ein hypothetisches Beschreibungsmodell zu schaffen, von dem aus er erklären kann, wie die unendlich vielen Sätze einer Sprache darin angelegt sind. [1] Welches auch die Korrekturen sein mögen, zu denen man auf diese Weise gelangen wird, es gibt keinen Grund, warum man nicht versuchen sollte, eine solche Methode auf die Werke der Literatur anzuwenden. Gleichen diese Werke nicht immensen »Sätzen«, die aus der allgemeinen Sprache der Symbole durch eine gewisse Anzahl geordneter Transformationen abgeleitet sind, oder noch allgemeiner durch eine signifikante Logik, die es zu beschreiben gilt? Anders gesagt: die Linguistik kann der Literatur ein Modell liefern, das das Prinzip jeder Wissenschaft abgibt, da es sich immer darum handelt, über bestimmte Regeln zu verfügen, um bestimmte Ergebnisse zu erklären. Ziel der Wissenschaft von der Literatur wird also nicht sein, klarzumachen, warum eine bestimmte Bedeutung akzeptiert werden muß, nicht einmal, warum sie akzeptiert worden ist (das ist, ich wiederhole es noch einmal, Sache des Historikers), sondern warum sie akzeptierbar ist, keineswegs auf Grund der philologischen Regeln der Buchstäblichkeit, sondern auf Grund der linguistischen Regeln des Symbols. Man trifft hier, übertragen auf die Wissenschaft von den Redeweisen, wieder auf das zentrale Problem der neueren Linguistik, das Problem,

1 Ich denke hier an die Arbeiten von N. Chomsky und die Vorschläge der transformationalen Grammatik.

die Grammatikalität der Sätze und nicht ihre Bedeutung zu beschreiben. In der gleichen Weise wird man sich bemühen, die Akzeptierbarkeit der Werke, nicht ihre Bedeutung zu beschreiben. Man wird nicht die Gesamtheit der möglichen Bedeutungen als eine starre Ordnung klassifizieren, sondern als die Spuren einer immensen »operierenden« Disposition (da sie es ermöglicht, Werke zu schaffen), erweitert vom Autor zur Gesellschaft. Als Gegenstück zu der »Sprachfähigkeit«, die Humboldt und Chomsky postuliert haben, gibt es im Menschen vielleicht eine »Literaturfähigkeit«, eine Energie der Rede, die nichts mit dem »Genie« zu tun hat, denn sie hängt nicht mit Inspirationen oder persönlichem Wollen zusammen, sondern mit Regeln, die jenseits des Autors angesammelt worden sind. Nicht Bilder, Ideen oder Verse souffliert die mythische Stimme der Muse dem Schriftsteller, sondern die große Logik der Symbole, die großen leeren Formen, die es uns gestatten zu sprechen und zu operieren.

Man kann sich leicht ausmalen, was einer solchen Wissenschaft geopfert werden müßte: vieles von dem, was wir an der Literatur lieben oder zu lieben glauben und was in den meisten Fällen »der Autor« ist. Und trotzdem: wie könnte die Wissenschaft von *einem* Autor sprechen? Die Wissenschaft von der Literatur kann das literarische Werk, obwohl von einem Autor unterzeichnet, nur mit dem Mythos in Verbindung bringen, der nicht unterzeichnet ist.[1] Ich weiß, daß

1 »Der Mythos ist eine Rede, die keinen wirklichen Autor zu haben scheint, der ihren Inhalt auf seine Kappe nehmen und ihre Bedeutung

wir heute im allgemeinen dazu neigen, uns vom Schriftsteller die Bedeutung seiner Werke angeben zu lassen. Daher die vielen unsinnigen Fragen, die der Kritiker an den toten Schriftsteller richtet, an sein Leben, an die Spuren seiner Absichten, damit er uns selbst versichere, was sein Werk zu bedeuten hat. Man will um jeden Preis den Toten zum Sprechen bringen – oder seine Substitute: seine Epoche, die Gattung, den Wortschatz, kurz alles, was für den Autor zeitgenössisch war, durch Metonymie Besitzer des Rechtes des vergangenen Schriftstellers auf seine Schöpfung. Noch mehr: man verlangt von uns zu warten, bis der Schriftsteller tot sei, um ihm mit »Objektivität« begegnen zu können. Merkwürdige Verkehrung: in dem Augenblick, da das Werk mythisch wird, soll es wie ein exaktes Faktum behandelt werden.
Der Tod ist von anderer Bedeutung: er macht die Unterschrift des Autors irreal und aus dem Werk einen Mythos. Die Wahrheit des Anekdotischen bemüht sich vergeblich, die Wahrheit der Symbole auszuschöpfen. Und die Leute wissen das sehr wohl: wir sehen uns nicht »ein Werk von Racine« an, sondern »Racine«, in der Art, wie man sich »einen Western« ansieht, als ob wir nach Belieben in einem Augenblick der Woche etwas von der Substanz eines großen Mythos entnähmen, um uns davon zu nähren; wir gehen nicht ins Theater, um *Phädra* zu sehen, sondern »die Berma in *Phädra*«, so wie wir Sophokles, Freud, Höl-

fordern würde; sie ist enigmatisch« (L. Sebag: *Le Mythe: Code et Message* in *Temps modernes*, März 1966).

derlin und Kierkegaard in »*Ödipus*« und »*Antigone*« lesen würden. Und wir haben recht, weil wir damit dem Tod verwehren, das Lebendige zu erfassen, wir befreien das Werk von den Zwängen der Intention, wir finden das mythologische Beben der Bedeutungen wieder. Dadurch, daß der Tod die Unterschrift des Schriftstellers auslöscht, begründet er die Wahrheit des Werkes, die in seinem Rätsel besteht. Sicherlich kann das »zivilisierte« Werk nicht wie ein Mythos im ethnologischen Sinn des Ausdruckes behandelt werden, doch der Unterschied liegt weniger in der Unterschrift der Mitteilung als in ihrer Substanz. Unsere Werke sind geschrieben, und das erlegt ihnen Bedeutungszwänge auf, die der mündliche Mythos nicht kannte. Uns erwartet eine Mythologie der Schreibweise. Ihr Ziel sind nicht determinierte Werke, das heißt solche, die in einen Determinierungsprozeß eingezeichnet sind, deren Ursprung eine Person (der Autor) wäre, sondern Werke, die an der Sprache der Mythen partizipieren, in der die Menschheit ihre Bedeutungen, das heißt ihre Wünsche, ausprobiert.

Man muß also bereit sein, die Gegenstände der literarischen Wissenschaft neu zu verteilen. Der Autor und das Werk sind nur der Ausgangspunkt für eine Analyse, die es mit der Sprache zu tun hat. Es kann keine Wissenschaft von Dante, von Shakespeare oder Racine geben, sondern nur eine Wissenschaft des Diskurses. Diese Wissenschaft wird zwei große Gebiete haben, entsprechend den Zeichen, die sie behandelt; das erste umfaßt die dem Satz untergeordneten Zeichen, wie die früheren Figuren, die Phänomene der Konnotation, die semantischen Anomalien[1] usw., kurz alle Züge der literarischen Sprache in ihrer Gesamtheit; das zweite umfaßt die dem Satz übergeordneten Zeichen, die Teile des Diskurses, aus denen man eine Struktur des Berichts der methodischen Mitteilung, des diskursiven Textes[2] usw. erschließen kann. Große und kleine Einheiten des Diskurses stehen natürlich in einer Integrationsbeziehung (wie die Phänomene in bezug auf die Wörter und die Wörter in bezug auf den Satz), aber sie konstituieren sich auf voneinander unabhängigen Beschreibungsebenen. Wenn man ihn auf diese Weise erfaßt, läßt sich der literarische Text *sicher* analysieren, obwohl diese Analysen einen gewaltigen Rest außerhalb ihres Bereichs lassen. Dieser Rest entspricht ziemlich genau dem, was wir heute für wesentlich am Werk halten (das persönliche Genie, die Kunst, die Humanität), es sei denn, wir gewönnen Interesse an der Wahrheit der Mythen.

Die von solcher Wissenschaft geforderte Objektivität wird nicht mehr dem unmittelbaren Werk gelten (das in die Zuständigkeit der Literaturgeschichte oder der Philologie fällt), sondern seiner Intelligibilität. So wie die Phonologie, ohne die experimentellen Über-

1 T. Todorov: *Die semantischen Anomalien* in *Langages* 1966.

2 Die strukturale Analyse des Berichts unternimmt gegenwärtig Vorstudien, vor allem im *Centre d'Etudes des Communications de Masse de L'Ecole pratique des Hautes Etudes*, und zwar ausgehend von den Arbeiten von V. Propp und Claude Lévi-Strauss. – Über die poetische Botschaft vgl. R. Jakobson: *Essais de linguistique générale*, Paris 1963, Kap. II, und Nicolas Ruwet: *Analyse structurale d'un poème français*, in: *Linguistic*, 3. Januar 1964. Vgl. auch Claude Lévi-Strauss und R. Jakobson: *Les Chats de Baudelaire* (*l'Homme*, II, 1962, 2) und Jean Cohen: *Structure du langage poétique*, Paris 1966.

prüfungen der Phonetik abzulehnen, eine neue Objektivität der phonischen Bedeutung begründet hat (und nicht nur des physikalischen Tones), gibt es auch eine Objektivität des Symbols, die sich unterscheidet von der für die Klarstellung der Buchstäblichkeit notwendigen. Der Gegenstand liefert keine Bedeutungsregeln. Die »Grammatik« des Werkes ist nicht die des Idioms, in dem es geschrieben ist, und die Objektivität der neuen Wissenschaft hängt von dieser zweiten Grammatik ab, nicht von der ersten. Worauf es der Wissenschaft von der Literatur ankommt, ist ja nicht, daß das Werk existiert hat, vielmehr daß es verstanden worden ist und noch verstanden wird; das Intelligible wird die Quelle ihrer »Objektivität« sein.

Man muß wohl die Vorstellung verabschieden, daß die Wissenschaft von der Literatur uns die Bedeutung lehren könne, die wir einem Werk zu geben haben; sie wird keine Bedeutung *geben* und keine *auffinden*, sondern wird beschreiben, nach welcher Logik die Bedeutungen angelegt sind, die von der »symbolischen« Logik der Menschen *akzeptiert* werden können, so wie die Sätze der französischen Sprache vom »linguistischen Gefühl« der Franzosen *akzeptiert* werden. Ein langer Weg ist noch zurückzulegen, bis wir über eine Linguistik des Diskurses verfügen, über eine wirkliche Wissenschaft von der Literatur, die der sprachlichen Natur ihres Gegenstandes entspricht. Denn wenn die Linguistik uns auch helfen kann, so kann sie für sich allein doch die Fragen nicht beantworten, die ihr die neuen Gegenstände der Teile des Diskurses und der doppelten Bedeutungen stellen. Sie bedarf insbesondere der Hilfe der Geschichtswissenschaft, die sie über die oft sehr lange Dauer der zweiten Kodizes (wie etwa des rhetorischen Kodex) aufklärt, sowie der Hilfe der Anthropologie, die durch sukzessive Vergleiche und Integrierungen eine Beschreibung der allgemeinen Logik der Bedeutungsträger ermöglicht.

Die Kritik

Die Kritik ist nicht die Wissenschaft; diese behandelt die Bedeutungen, jene bringt welche hervor. Sie hat, wie schon gesagt worden ist, eine Zwischenstellung inne zwischen Wissenschaft und Lektüre. Sie verleiht der reinen lesenden Rede eine Sprache und gibt der mythischen Sprache, aus der das Werk besteht und die die Wissenschaft behandelt, eine Rede (unter anderen).
Die Beziehung der Kritik zum Werk ist die einer Bedeutung zu einer Form. Der Kritiker kann nicht den Anspruch erheben, das Werk zu »übersetzen«, insbesondere nicht in größere Klarheit, denn nichts ist klarer als das Werk. Was er tun kann, ist eine bestimmte Bedeutung »zeugen«, indem er sie von einer Form, die das Werk ist, ableitet. Wenn er liest: »Die Tochter des Minos und der Pasiphae«, besteht seine Aufgabe nicht darin, klarzustellen, daß Phädra gemeint ist (das besorgen vortrefflich die Philologen), sondern ein Bedeutungsnetz zu konzipieren, in dem nach bestimmten logischen Forderungen, auf die ich gleich zu sprechen komme, das chthonische und das solare Thema

ihren Platz finden. Der Kritiker verdoppelt die Bedeutungen, er läßt über der ersten Sprache des Werkes eine zweite Sprache schweben, das heißt ein Netz aus Zeichen. Es handelt sich im Grunde um eine Art Anamorphose, die natürlich, da einerseits das Werk sich nie für eine reine Widerspiegelung eignet (es ist kein spiegelbares Objekt wie ein Apfel oder eine Schachtel) und andererseits die Anamorphose selbst eine kontrollierte Umwandlung ist, optischen Notwendigkeiten unterliegt: das, was es widerspiegelt, muß es umwandeln; und zwar nur nach bestimmten Gesetzen und immer in derselben Richtung. Das sind die drei Notwendigkeiten der Kritik:

Der Kritiker kann nicht »irgend etwas« sagen. [1] Kontrolliert wird seine Aussage jedoch nicht durch die moralische Befürchtung, »irre zu reden«; zunächst einmal schon deswegen nicht, weil er anderen die unwürdige Sorge überläßt, mit Selbstgewißheit Vernunft und Unvernunft zu trennen, und zwar in einem Jahrhundert, in dem deren Trennung gerade wieder fraglich geworden ist [2]; außerdem, weil die Literatur zumindest seit Lautréamont das Recht hat, »irre zu reden« und die Kritik sehr wohl nach poetischen Motiven in ein Delirium geraten könnte, wenn sie es nur erklärte, und schließlich, weil der Wahn von heute oft die Wahrheit von morgen ist. Wäre Taine einem Boi-

1 Von R. Picard gegen die neue Kritik erhobene Beschuldigung (a.a.O., S. 66).

2 Muß ich daran erinnern, daß der Wahnsinn eine Geschichte hat und daß diese Geschichte noch nicht beendet ist? (Michel Foucault: *Folie et Déraison, Histoire de la Folie à l'âge classique*, Paris 1961.)

leau nicht als »irre redend« erschienen und Georges Blin nicht einem Brunetière? Nein, wenn der Kritiker gehalten ist, etwas zu sagen (und nicht irgend etwas), so deshalb, weil er dem Sprechen (des Schriftstellers und seinem eigenen) eine Bedeutungsfunktion zuerkennt, und weil infolgedessen die Anamorphose, der er das Werk unterwirft (und der sich zu entziehen niemand auf der Welt die Macht hat), geleitet wird von den formalen Notwendigkeiten der Bedeutung. Man schafft nicht Bedeutung auf irgendeine beliebige Weise (wer das bezweifelt, soll es einmal versuchen); den Kritiker rechtfertigt nicht die Bedeutung des Werkes, sondern die Bedeutung dessen, was er darüber sagt.

Die erste Notwendigkeit: der Kritiker hat zu berücksichtigen, daß im literarischen Werk alles bedeutungsvoll ist. Eine Grammatik ist nicht gut beschrieben, wenn nicht alle Sätze sich mit ihr erklären lassen. Ein Bedeutungssystem ist unvollendet, wenn nicht *alle* Zeichen darin einen einsehbaren Platz erhalten können. Wenn ein einziges Element überflüssig ist, ist die Beschreibung nicht gut. Diese den Linguisten wohlbekannte Exhaustionsregel hat eine andere Reichweite als jene Art von statistischer Kontrolle, zu der man den Kritiker verpflichten möchte.[1] Eine beharrliche Meinung, die wieder einmal von einem vorgeblichen Modell der physikalischen Wissenschaften stammt, souffliert ihm, er könne vom Werk nur die häufig wiederholten Elemente aufgreifen, weil er sich sonst

1 Picard a.a.O., S. 64.

»übermäßiger Verallgemeinerungen« und »abwegiger Extrapolationen« schuldig mache; man sagt ihm: Sie dürfen nicht Situationen als »allgemein« behandeln, die sich nur in zwei oder drei Tragödien von Racine finden. Ich muß dazu abermals in Erinnerung rufen [1], daß, strukturell gesehen, die Bedeutung nicht durch Wiederholung entsteht, sondern durch Differenz, so daß ein seltener Ausdruck, sobald er in einem System von Ausschließungen und Beziehungen erfaßt wird, genauso etwas bedeutet wie ein häufiger Ausdruck. Im Französischen hat das Wort *baobab* (Affenbrotbaum) nicht mehr oder weniger Bedeutung als das Wort *ami* (Freund). Das Auszählen von Einheiten, die etwas bedeuten, ist zweifellos von Interesse, und ein Teil der Linguistik befaßt sich damit, aber es erhellt die Information, nicht die Bedeutung. Vom Gesichtspunkt der Kritik kann es nur in eine Sackgasse führen, denn von dem Augenblick an, da man das Interesse einer Notation oder, wenn man will, den Überzeugungsgrad einer Eigenheit durch seine Häufigkeit bestimmt, muß man methodisch über diese Häufigkeit entscheiden: von wieviel Tragödien an hätte ich das Recht, eine Racinesche Situation zu »verallgemeinern«? Von fünf, sechs, zehn an? Muß ich den *Durchschnitt* überschreiten, damit der Wesenszug bemerkenswert ist und die Bedeutung daraus hervortritt? Was mache ich mit den seltenen Ausdrücken? Soll ich sie unter der

1 Vgl. R. Barthes: *A Propos de deux ouvrages de Claude Lévi-Strauss: Sociologie et Socio-logique* in: *Information sur les Sciences sociales*, Unesco, Dezember 1962, I, 4, S. 116.

schamhaften Bezeichnung »Ausnahmen«, »Abschweifungen« loswerden? Lauter Absurditäten, die gerade die Semantik zu vermeiden ermöglicht. Denn »verallgemeinern« bedeutet darin nicht eine quantitative Operation (aus ihrer Häufigkeit die Wahrheit einer Besonderheit ableiten), sondern eine qualitative (jeden Ausdruck, auch den seltenen, in ein allgemeines Beziehungssystem einfügen). Gewiß, für sich allein macht ein Bild noch nicht das Imaginäre [1], aber das Imaginäre kann nicht ohne dieses imaginierte Bild beschrieben werden, so zerbrechlich und einzig es auch sein mag, ohne das Bestimmte, Unzerstörbare dieses Bildes. Die »Verallgemeinerungen« der kritischen Sprache haben mit der Entfaltung der Beziehungen zu tun, zu der eine Beziehung gehört, nicht mit der materiellen Häufigkeit dieser Notierung. Ein Ausdruck kann in einem ganzen Werk nur ein einziges Mal formuliert sein und kann doch durch die Wirkung einer gewissen Anzahl von Verwandlungen, die gerade das strukturelle Faktum definieren, darin »überall« und »immer« anwesend sein. [2]

Dergleichen Umwandlungen unterliegen ebenfalls bestimmten Notwendigkeiten: denen der Logik der Symbole. Man stellt dem »Delirium« der neuen Kritik »die elementaren Regeln des wissenschaftlichen oder auch nur des artikulierten Denkens« gegenüber. [3] Das ist stupide. Es gibt eine Logik des etwas Bedeutenden. Gewiß, man kennt sie nicht gut, und es ist

1 R. Picard a.a.O., S. 43.
2 ebenda, S. 19.
3 ebenda, S. 58.

noch nicht leicht, zu wissen, für welche Kenntnis sie das Objekt abgeben kann, doch kann man sich ihr zumindest annähern, wie Psychoanalyse und Strukturalismus es versuchen. Jedenfalls weiß man, daß man nicht beliebig von den Symbolen sprechen kann, jedenfalls verfügt man – und sei es auch nur vorläufig – über bestimmte Modelle, die erklären helfen, in welcher Folge sich die Symbolketten herstellen. Diese Modelle sollten vor dem – selbst wiederum sehr erstaunlichen – Erstaunen schützen, das die alte Kritik ergreift, wenn sie sieht, daß Ersticken und Gift, Eis und Feuer zueinander in Beziehung gesetzt werden.[1] Solche Formen der Umwandlung sind sowohl von der Psychoanalyse als auch von der Rhetorik[2] dargestellt worden; es sind zum Beispiel: die eigentliche Substitution (Metapher), die Auslassung (Ellipse), die Verdichtung (Homonymie), die Verschiebung (Metonymie), das Leugnen (die Antiphrase). Der Kritiker sucht also diese geregelten, nicht zufälligen Umwandlungen aufzufinden, die sich über sehr weit gedehnte Ketten erstrecken (der Vogel, der Aufflug, die Blume, das Feuerwerk, der Fächer, der Schmetterling, die Tänzerin bei Mallarmé[3]) und ferne, aber legale Kombinationen erlauben (der große ruhige Fluß und der herbstliche Baum), so daß das Werk durchaus nicht auf eine »irre« Weise gelesen, sondern von einer immer größeren Einheit durch-

1 R. Picard a.a.O., S. 15 und S. 23.

2 Vgl. E. Venbenist: *Remarques sur la fonction du langage dans la découverte freudienne* in: *La Psychoanalyse* Nr. 1, 1956, S. 3–39.

3 J. P. Richard a.a.O., S. 304.

drungen wird. Diese Kombinationen seien leicht? Nicht leichter als die der Dichtung selbst.
Das Buch ist eine Welt. Der Kritiker erfährt angesichts des Werkes die gleichen Bedingungen des Sprechens wie der Schriftsteller angesichts der Welt. Und hier kommen wir zur dritten Notwendigkeit der Kritik. Wie beim Schriftsteller hat auch die Anamorphose, der der Kritiker sein Objekt unterzieht, eine Richtung; sie muß stets in die gleiche Richtung gehen. In welche? Ist es die der Subjektivität, die man gegen den neuen Kritiker als Streitkeule benutzt? Man versteht gewöhnlich unter »subjektiver« Kritik einen Diskurs, der völlig dem Belieben eines einzelnen überlassen ist, der das Objekt nicht berücksichtigt und von dem man annimmt (um ihn desto besser mit Vorwürfen überhäufen zu können), er sei auf den anarchischen und geschwätzigen Ausdruck individueller Gefühle reduziert. Worauf man zum Beispiel antworten könnte, daß eine systematisierte Subjektivität, die selbst aus den Symbolen des Werkes hervorgegangen ist, vielleicht mehr Aussichten hat, den literarischen Gegenstand zu begreifen, als eine ungebildete Objektivität, die gegenüber ihren eigenen Voraussetzungen blind ist und sich hinter der Buchstäblichkeit verschanzt wie hinter etwas Natürlichem. In Wirklichkeit freilich handelt es sich nicht genau darum. Die Kritik ist nicht die Wissenschaft; nicht das Objekt muß man in der Kritik dem Subjekt gegenüberstellen, sondern sein Prädikat. Man kann anders sagen, daß der Kritiker einem Objekt gegenübertritt, das nicht das Werk sondern seine

eigene Redeweise ist. Welche Beziehung kann ein Kritiker zur Rede haben? Nach dieser Seite muß man die »Subjektivität« des Kritikers zu definieren suchen.
Der klassische Kritiker huldigt dem naiven Glauben, das Subjekt sei ein »Erfülltes« und das Verhältnis zwischen Subjekt und Redeweise sei das eines Inhalts zu seinem Ausdruck. Der Rekurs auf die symbolische Redeweise führt, so scheint es, zu einem entgegengesetzten Glauben: das Subjektive ist keine individuelle »Fülle«, die in die Sprache zu entleeren man das Recht hat oder nicht (je nach der gewählten Literaturgattung), sondern im Gegenteil eine Leere, die der Schriftsteller mit Wörtern einkreist, so daß jede Schreibweise, *die nicht lügt*, nicht die inneren Attribute des Subjekts bezeichnet, sondern seine Abwesenheit.[1] Die Redeweise ist nicht das Prädikat eines Subjekts, eines unausdrückbaren oder das auszudrükken es dient; sie ist das Subjekt.[2] Es scheint mir (und ich glaube nicht, daß ich der einzige bin, der das denkt), daß gerade dies die Literatur definiert: wenn es nur darum ginge, die gleicherweise erfüllten Subjekte und Objekte auszudrücken (wie eine Zitrone) durch Bilder, wozu dann die Literatur? Wovon das Symbol getragen wird, ist die Notwendigkeit, unablässig die

1 Man erkennt hier einen Nachhall, sei er auch schwach, der Lehren von Dr. Lacan in seinem Seminar an der *Ecole pratique des Hautes Etudes*.

2 »Subjektiv ist nur das Unausdrückbare«, sagt R. Picard a.a.O., S. 13. Das heißt die Beziehungen des Subjekts und seiner Redeweise, die für andere »Denker« als R. Picard ein schwieriges Problem sind, ein wenig schnell abtun.

Leere des Ich zu bezeichnen, das ich bin. Indem er seine Redeweise zu der des Autors hinzufügt (und seine Symbole zu denen des Werkes), »deformiert« der Kritiker nicht das Objekt, um sich in ihm auszudrücken, macht er aus ihm nicht das Prädikat seiner eigenen Person; er reproduziert das Zeichen der Werke selbst, deren unendlich oft wiederholte Mitteilung nichts mit »Subjektivität« zu schaffen hat, sondern eine Vermischung des Subjekts und der Redeweise darstellt, so daß Kritik und Werk, indem sie ihre Stimmen vereinen, immerzu sagen: *ich bin Literatur*.

Gewiß, die Kritik ist eine Art Tiefenlektüre (besser: eine profilierte Lektüre); sie gilt den intelligiblen Momenten der Werke, und dadurch, das ist richtig, nimmt sie teil an dem, was man Interpretation nennt. Gleichwohl kann das, was sie ans Licht holt, nie das Bedeutete sein (denn das Bedeutete weicht immer wieder zurück bis zur Leere des Subjekts), es können nur Symbolreihen, Beziehungshomologien sein. Die Bedeutung, welche die Kritik dem Werk gibt, ist schließlich nur ein neues Aufblühen der Symbole, aus denen das Werk sich zusammensetzt. Ein Kritiker, der Mallarmés Fächer und Vogel eine gemeinsame Bedeutung abgewinnt – die des Hin und Her, des Virtuellen [1] –, bezeichnet keine letzte Wahrheit des Bildes, vielmehr ein neues Bild, das seinerseits in der Schwebe bleibt. Die Kritik ist keine Übersetzung, sondern eine Paraphrase; sie darf nicht hoffen, den

1 J. P. Richard a.a.O., III., VI.

»Grund« des Werkes zu erreichen, denn dieser Grund ist das Subjekt selbst, also eine Absenz. Jede Metapher ist ein Zeichen ohne »Grund«; gerade dieses Fernsein des Bedeuteten wird durch die Fülle der Symbole bezeichnet. Der Kritiker kann die Metaphern des Werkes allenfalls fortsetzen, nicht aber sie auf etwas zurückführen. Noch einmal: es gibt im Werk ein gleichsam vergrabenes und objektives Bedeutetes, das Symbol ist nur Euphemismus, die Literatur ist lediglich Verkleidung, und die Kritik ist nur Philologie. Es führt zu nichts, Literatur auf das zurückzuführen, was zutage liegt; die Funktion des Werkes kann es nicht sein, denen den Mund zu verschließen, die es lesen. Aber es ist kaum weniger nutzlos, im Werk das zu suchen, was es sagen würde, ohne es zu sagen, und in ihm ein höchstes Geheimnis zu vermuten, dem, sobald es entdeckt wäre, ebenfalls nichts mehr hinzuzufügen wäre. Was man auch von einem literarischen Werk sagen mag, es bleibt ihm immer, wie in seinem ersten Augenblick, Redeweise, Subjekt, Absenz.

Das Maß des kritischen Diskurses ist seine »Richtigkeit«. So wie in der Musik, obwohl eine richtige Note nicht eine »wahre« Note ist, die Wahrheit des Gesangs letzten Endes von seiner Richtigkeit abhängt, weil die Richtigkeit Gleichklang oder Harmonie zur Voraussetzung hat, muß der Kritiker angemessen sprechen und in seiner eigenen Redeweise, gemäß »einer genauen geistigen Inszenierung«[1],

1 Mallarmé, Vorwort zu *Un coup de dés jamais n'abolira le hasard* (*Œuvres complètes*, Pléiade, S. 455).

versuchen, die symbolischen Bedingungen des Werkes zu reproduzieren. Wir kennen in der Tat zwei Arten, allerdings von ungleicher Auffälligkeit, das Symbol zu verfehlen; die erste besteht darin, das Symbol zu leugnen, die ganze Bedeutung des Werkes auf die Platitüden einer falschen Buchstäblichkeit zurückzuführen oder es in eine Tautologie zu sperren; die zweite besteht ganz im Gegensatz dazu darin, das Symbol wissenschaftlich zu interpretieren: einerseits zu erklären, daß das Werk sich der Entzifferung anbietet (wodurch man es als symbolisch anerkennt), und andererseits die Entzifferung mittels eines selbst wörtlichen Sprechens ohne Tiefe, ohne Perspektive vorzunehmen, einer Rede, die die unendliche Metapher des Werkes anhalten soll, um auf diese Weise in den Besitz seiner Wahrheit zu gelangen. Von solcher Art sind die Kritiken mit wissenschaftlicher (soziologischer oder psychoanalytischer) Absicht. In beiden Fällen ist es die willkürliche Verschiedenheit der Redeweisen, der des Werkes und der des Kritikers, die das Symbol verfehlen läßt. Das Symbol zurückführen wollen ist ebenso eine Übertreibung, wie sich auf die Buchstäblichkeit versteifen. Es muß das Symbol das Symbol suchen, es muß eine Sprache voll und ganz eine andere Sprache sprechen; nur so wird letzten Endes der Buchstabe des Werkes respektiert. Dieser Umweg, der endlich den Kritiker der Literatur zurückgibt, ist nicht nutzlos: er erlaubt es, gegen eine doppelte Bedrohung zu kämpfen. Von einem Werk sprechen, setzt tatsächlich der Gefahr aus, in ein nichtiges Sprechen, das heißt in Geschwätz, das heißt in Schweigen zu verfallen – oder in eine Sache schaffendes Sprechen, das unter der Buchstäblichkeit das Bedeutete immobilisiert, das es gefunden zu haben meint. In der Kritik ist angemessenes Reden nur möglich, wenn die Verantwortlichkeit des »Interpreten« gegenüber dem Werk sich identifiziert mit der Verantwortlichkeit des Kritikers gegenüber seinem eigenen Reden.

Angesichts der Wissenschaft von der Literatur bleibt der Kritiker, auch wo er sie wahrnimmt, unendlich wehrlos, denn er kann über die Redeweise nicht wie über ein Gut oder ein Instrument verfügen: er weiß nicht, woran er sich bei der Wissenschaft von der Literatur halten soll. Selbst wenn man ihm diese Wissenschaft als »darstellend« definieren sollte (und nicht als erklärend), bliebe er dennoch von ihr getrennt. Was er darstellt, ist die Redeweise selbst, nicht ihr Objekt. Doch ist diese Distanz nicht rein als Defizit zu werten, da sie der Kritik ermöglicht, gerade das zu entwickeln, was der Wissenschaft fehlt und was man mit einem Wort *die Ironie* nennen könnte. Die Ironie ist nichts anderes als die Frage, die der Redeweise durch die Redeweise gestellt wird.[1] Unsere Gewohnheit, dem Symbol einen religiösen oder poetischen Horizont zu geben, hindert uns zu erkennen, daß es eine Ironie der Symbole gibt, eine Art und

1 In dem Maße, in dem es eine gewisse Beziehung zwischen dem Kritiker und dem Romancier gibt, ist die Ironie des Kritikers (gegenüber seiner eigenen Redeweise als Schöpfungsobjekt) nicht grundsätzlich verschieden von der Ironie oder dem Humor, der nach Lukàcs, René Girard und Lucien Goldmann die Art und Weise kennzeichnet, in der der Romancier das Bewußtsein seiner Helden überschreitet

Weise, die Redeweise durch die Exzesse der Redeweise in Frage zu stellen. Gegenüber der armseligen voltaireschen Ironie, dem narzißtischen Produkt einer Sprache, die sich selbst zu sehr vertraut, läßt sich sehr wohl eine andere Ironie vorstellen, die man in Ermangelung eines besseren Ausdrucks als barock bezeichnen könnte, weil sie mit Formen und nicht mit Menschen spielt, weil sie die Redeweise entfaltet statt sie einzuengen.[1] Warum sollte sie für die Kritik verboten sein? Sie ist vielleicht die einzige ernsthafte Sprache, über die sie verfügt, solange das Statut der Wissenschaft und der Redeweise nicht eindeutig festgestellt ist – was heute noch der Fall zu sein scheint. Die Ironie ist dann das, was dem Kritiker unmittelbar gegeben ist – nach dem Wort Kafkas: nicht die Wahrheit zu sehen, sondern sie zu sein[2], so daß wir das Recht haben, ihn nicht zu bitten: »Überzeugen Sie mich von dem, was Sie sagen«, sondern vielmehr: »Überzeugen Sie mich von Ihrer Entschlossenheit, es zu sagen.«

(vgl. L. Goldmann: *Introduction aux problèmes d'une sociologie du roman* in *Revue de l'Institut de Sociologie*, Brüssel 1963, 2, S. 229). Es ist überflüssig zu sagen, daß diese Ironie (oder Selbstironie) für die Gegner der neuen Kritik nie wahrnehmbar ist.

1 Der Gongorismus im überhistorischen Sinne hat immer ein reflexives Element; durch die Töne, die sehr stark variieren und vom Oratorischen bis zum simplen Spiel reichen können, enthält die exzessive Figur eine Reflexion über die Redeweise, deren Ernsthaftigkeit auf die Probe gestellt wird. Vgl. Severo Sarduy: *Sur Gongora* in: *Tel Quel*.

2 »Nicht jeder kann die Wahrheit sehn, aber sein ...« F. Kafka, zitiert von Marthe Robert a.a.O., S. 80.

Man muß noch auf eine letzte Illusion verzichten: der Kritiker kann sich nicht an die Stelle des Lesers setzen. Vergeblich wird er sich etwas darauf zugute halten – oder wird man ihn darum bitten –, der Lektüre der Anderen seine Stimme zu leihen, so respektvoll diese auch sein mag, selbst nur ein Leser zu sein, dem andere Leser das Formulieren ihrer eigenen Empfindungen übertragen haben, kurz, die Ansprüche einer Gemeinschaft auf das Werk darzustellen. Warum? Auch dann, wenn man den Kritiker als einen Leser definiert, der schreibt, bedeutet das, daß dieser Leser auf seinem Weg einem furchterregenden Vermittler begegnet: der Schreibweise.

Und schreiben heißt, auf eine bestimmte Weise die Welt (das Buch) zerspalten und wieder zusammensetzen. Man möge sich hier daran erinnern, auf welch subtile Weise das Mittelalter die Beziehungen zwischen Buch (als antikem Schatz) und jenen geregelt hatte, die beauftragt waren, die absolute (absolut respektierte) Materie durch ein neues Sprechen zu geleiten. Wir kennen heute nur den Historiker oder den Kritiker (noch dazu will man uns unbilligerweise glauben machen, man müsse die beiden einander gleichsetzen); das Mittelalter hatte rings um das Buch vier deutlich voneinander getrennte Funktionen unterschieden: den *scriptor* (der abschrieb, ohne etwas hinzuzufügen), den *compilator* (der niemals etwas von sich selbst hinzufügte), den *commentator* (der von sich aus in den abgeschriebenen Text nur eingriff, um ihn intelligibel zu machen), und schließlich den *auctor* (der seine eigenen Gedanken wiedergab, wobei er sich immer auf andere Autoritäten stützte). Ein solches System, das ausdrücklich zu dem einzigen Zweck aufgestellt war, dem alten Text treu zu sein, dem einzigen anerkannten Buch (kann man sich eine größere Achtung als die des Mittelalters vor Aristoteles denken?), ein solches System hat immerhin eine »Interpretation« der Antike hervorgebracht, die von der Moderne verworfen worden ist und die unserer »objektiven« Kritik als ganz und gar »aberwitzig« erscheinen würde. Faktisch beginnt die kritische Tätigkeit schon beim *compilator*. Man braucht nicht erst etwas von sich selbst hinzufügen, um einen Text zu »deformieren«, es genügt, ihn zu zitieren, das heißt, ihn zu zerschneiden: unverzüglich entsteht ein neues Intelligibles. Dieses Intelligible mag akzeptiert werden oder nicht, es ist darum nicht minder konstituiert. Der Kritiker ist nichts anderes als ein *commentator*, aber er ist es voll und ganz (und das genügt, um ihn zu exponieren), denn einerseits tradiert er eine Materie der Vergangenheit (die oft der Überlieferer bedarf, denn verdankt Racine nicht Georges Poulet einiges, und Verlaine nicht Jean-Pierre Richard? [1]), und andererseits verteilt er die Elemente des Werkes neu und verleiht ihm so eine bestimmte Verständlichkeit, eine bestimmte Distanz.

1 Georges Poulet: *Notes sur le temps racinien, Etudes sur le temps humain*, Paris 1950. – J. P. Richard: *Fadeur de Verlaine, Poesie et Profondeur*, Paris 1955.

Ein weiterer Unterschied zwischen dem Leser und dem Kritiker: während man nicht weiß, wie ein Leser zu einem Buch spricht, ist der Kritiker gezwungen, einen bestimmten »Ton« anzuschlagen, und alles in allem kann der nur gebieterisch klingen. Der Kritiker mag zweifeln und auf vielfache Weise leiden (an Punkten, die auch für seine ihm übelwollenden Zensoren nicht wahrnehmbar sind), letzten Endes kann er immer wieder nur auf eine Schreibweise rekurrieren, die Thesen und Postulate enthält. Es ist sinnlos, anzunehmen, man könne schreibend Konstruktionen vermeiden, indem man seinen Zweifel, seine Vorsicht und Zurückhaltung erläutert; das alles sind kodifizierte Zeichen wie die anderen auch, und sie schützen vor nichts. Die Schreibweise deklariert; gerade darin ist sie Schreibweise. Wie könnte die Kritik ohne Unehrlichkeit fragend, wünschend oder zweifelnd sein, da sie geschrieben ist und schreiben bedeutet, der unvermeidlichen Alternative wahr/falsch begegnen? Im Dogmatismus der Schreibweise spricht sich ein Engagement aus, nicht eine Gewißheit oder Selbstgefälligkeit; es handelt sich dabei um einen Akt, der im Schreiben selbst erhalten ist.

So an einen Text nicht mit den Augen, sondern mit einer Schreibweise rühren, schafft zwischen Kritik und Lektüre einen Abgrund – den Abgrund, den jede Bedeutung zwischen ihrer bedeutenden und ihrer bedeuteten Seite schafft. Denn von der Bedeutung, die die Lektüre dem Werk gibt, wie auch von dem Bedeuteten weiß niemand auf der Welt etwas, vielleicht deshalb, weil diese Bedeutung, da sie das

Begehren ist, jenseits des Kodex der Sprache steht. Allein der Lesende liebt das Werk und unterhält zu ihm eine Beziehung des Begehrens. Lesen heißt, das Werk begehren, heißt das Werk sein wollen, heißt sich weigern, das Werk außerhalb seiner Sprache durch eine andere Sprache zu verdoppeln; der einzige Kommentar, den ein reiner Leser hervorbringen könnte, der Leser bleiben würde, wäre das Pastiche (wie es das Beispiel Prousts andeutet, der Liebhaber von Lektüren und Pastiches war). Von der Lektüre zur Kritik übergehen heißt, das Begehren verändern, heißt: nicht mehr das Werk begehren, sondern seine eigene Redeweise; aber gerade deswegen heißt es auch, das Werk zurückverweisen an das Begehren des Schreibens, aus dem es hervorgegangen ist. So kreist das Sprechen um das Buch: *lesen, schreiben,* von dem einen Begehren zum anderen geht jede Literatur. Wie viele Schriftsteller haben nicht geschrieben, weil sie gelesen haben? Wie viele Kritiker haben nicht gelesen, um zu schreiben? Sie haben die beiden Seiten des Buches einander genähert, die beiden Seiten des Zeichens, auf daß *eine* Rede daraus hervorgehe. Die Kritik ist nur ein Moment dieser Geschichte, in die wir eintreten und die uns zur Einheit führt – zur Wahrheit der Schrift.

Februar 1966

Alphabetisches Verzeichnis der edition suhrkamp

Abendroth, Sozialgesch. d. europ. Arbeiterbewegung 106
Abendroth, Ein Leben 820
Achternbusch, L'Etat c'est moi 551
Adam, Südafrika 343
Adorno, Drei Studien zu Hegel 38
Adorno, Eingriffe 10
Adorno, Kritik 469
Adorno, Jargon d. Eigentlichkeit 91
Adorno, Moments musicaux 54
Adorno, Ohne Leitbild 201
Adorno, Stichworte 347
Adorno, Zur Metakritik der Erkenntnistheorie 590
Adorno, Gesellschaftstheorie u. Kultur 772
Aggression und Anpassung 282
Alberts/Balzer/Heister/Warneken u.a., Segmente der Unterhaltungsindustrie 651
Alff, Der Begriff Faschismus 456
Alff, Materialien zum Kontinuitätsproblem 714
Althusser, Für Marx 737
Altvater/Basso/Mattick/Offe u. a., Rahmenbedingungen 824
Andersch, Die Blindheit des Kunstwerks 133
Anderson, Von der Antike 922
Anderson, Entstehung des absolutistischen Staates 950
Antworten auf H. Marcuse 263
Architektur als Ideologie 243
Architektur u. Kapitalverwertung 638
Über H. C. Artmann 541
Arzt u. Patient in der Industriegesellschaft, hrsg. v. O. Döhner 643
Aspekte der Marxschen Theorie I 632
Aspekte der Marxschen Theorie II 633
Auf Anregung Bertolt Brechts: Lehrstücke, hrsg. von Reiner Steinweg 929
Augstein, Meinungen 214
Aus der Zeit der Verzweiflung 840
Ausgewählte Gedichte Brechts, hrsg. von W. Hinck 927
Autonomie der Kunst 592
Autorenkollektiv Textinterpretation . . ., Projektarbeit als Lernprozeß 675
Bachrach/Baratz, Macht und Armut 813
Bachtin, Ästhetik des Wortes, hrsg. von Rainer Grübel
Bahr (Hrsg.), Brecht, »Die Rundköpfe . . .«, Bühnenfassung 605
Baran/Sweezy, Monopolkapital [in Amerika] 636
Barthes, Mythen des Alltags 92
Barthes, Kritik und Wahrheit 218
Basaglia, F., Die abweichende Mehrheit 537
Basaglia, F. (Hrsg.), Die negierte Institution 655
Basaglia, F. (Hrsg.), Was ist Psychiatrie? 708
Basso, L., Gesellschaftsformation u. Staatsform 720
Baudelaire, Tableaux Parisiens 34
Becker, E. / Jungblut, Strategien der Bildungsproduktion 556
Becker, H., Bildungsforschung 483
Becker, J., Felder 61
Becker, J., Ränder 351
Becker, J., Umgebungen 722
Über Jürgen Becker 552
Beckett, Aus einem aufgegeb. Werk 145
Beckett, Fin de partie / Endspiel 96
Materialien zum ›Endspiel‹ 286
Beckett, Das letzte Band 389
Beckett, Warten auf Godot 3
Beckett, Glückliche Tage 849
Beiträge zur marxist. Erkenntnistheorie 349
Benjamin, Drei Hörmodelle 468
Benjamin, Das Kunstwerk 28
Benjamin, Über Kinder 391
Benjamin, Kritik der Gewalt 103
Benjamin, Städtebilder 17
Benjamin, Versuche über Brecht 172
Benjamin, Briefe 1 und 2, hrsg. v. Scholem/Adorno 930
Bergk/Ewald/Fichte u.a., Aufklärung und Gedankenfreiheit 890
Berger, Untersuchungsmethode u. soziale Wirklichkeit 712
Berger/Heßler/Kavemann, Brot für heute 936
Bergman, Wilde Erdbeeren 79
Bergmann, Beiträge zur Soziologie d. Gewerkschaften 905
Bernhard, Amras 142
Bernhard, Fest für Boris 440
Bernhard, Prosa 213
Bernhard, Ungenach 279
Bernhard, Watten 353
Über Thomas Bernhard 401
Bernstein, Beiträge zu einer Theorie 850
Bertaux, Hölderlin u. d. Französ. Revol. 344
Berufsbildungsreform, hrsg. v. C. Offe 761
Bettelheim/Mészarós/Rossanda u. a., Zurückforderung der Zukunft 962
Blatter, Genormte Tage 858
Blanke u. a., Bürgerlicher Staat 861
Bloch, Avicenna 22
Bloch, Ästhetik des Vor-Scheins I 726

Bloch, Ästhetik des Vor-Scheins II 732
Bloch, Das antizipierende Bewußtsein 585
Bloch, Die Lehren von der Materie 969
Bloch, Christian Thomasius 193
Bloch, Durch die Wüste 74
Bloch, Über Hegel 413
Bloch, Pädagogica 455
Bloch, Tübinger Einleitung in die Philosophie I 11
Bloch, Tübinger Einleitung in die Philosophie II 58
Bloch, Über Karl Marx 291
Bloch, Vom Hasard zur Katastrophe 534
Bloch, Widerstand und Friede 257
Bloch/Braudel/Ł. Febvre u. a., Schrift und Materie der Geschichte 814
Block, Ausgewählte Aufsätze 71
Blumenberg, Kopernikan. Wende 138
Boal, Theater der Unterdrückten 987
Bock, Geschichte des ›linken Radikalismus‹ in Deutschland 645
Boer, Lodewijk de, The Family 760
Böckelmann, Theorie der Massenkommunikation 658
Böhme, Soz.- u. Wirtschaftsgesch. 253
du Bois-Reymond, B. Söll, Neuköllner Schulbuch, 2 Bände 681
du Bois-Reymond, M., Strategien kompensator. Erziehung 507
du Bois-Reymond, Verkehrsformen 830
Bolius, Erziehungsroman 876
Bond, Gerettet / Hochzeit d. Papstes 461
Bond, Bündel 500
Borneman, Psychoanalyse des Geldes 902
Bosse, Verwaltete Unterentwicklung 752
Bowles/Gintis, Pädagogik 917
Brackert, Bauernkrieg 782
Brandt u. a., Zur Frauenfrage im Kapitalismus 581
Brandys, Granada 167
Brasch, Rotter 939
Braun, Gedichte 397
Braun, Es genügt nicht die einfache Wahrheit 799
Brecht, Antigone / Materialien 134
Brecht, Arturo Ui 144
Brecht, Ausgewählte Gedichte 86
Brecht, Baal 170
Brecht, Baal der asoziale 248
Brecht, Brotladen 339
Brecht, Das Verhör des Lukullus 740
Brecht, Der gute Mensch v. Sezuan 73
Materialien zu ›Der gute Mensch . . .‹ 247
Brecht, Der Tui-Roman 603
Brecht, Die Dreigroschenoper 229
Brecht, Die Geschäfte des Julius Cäsar 332
Brecht, Die heilige Johanna der Schlachthöfe 113
Brecht, Die heilige Johanna / Fragmente und Varianten 427
Brecht, Die Maßnahme 415
Brecht, Die Tage der Commune 169
Brecht, Furcht u. Elend d. 3. Reiches 392
Brecht, Gedichte u. Lieder aus Stücken 9
Brecht, Herr Puntila 105
Brecht, Im Dickicht der Städte 246
Brecht, Jasager – Neinsager 171
Brecht, Kaukasischer Kreidekreis 31
Materialien zum ›Kreidekreis‹ 155
Brecht, Kuhle Wampe 362
Brecht, Leben des Galilei 1
Materialien zu ›Leben des Galilei‹ 44
Brecht, Leben Eduards II. 245
Brecht, Stadt Mahagonny 21
Brecht, Mann ist Mann 259
Brecht, Mutter Courage 49
Materialien zu ›Mutter Courage‹ 50
Materialien zu ›Die Mutter‹ 305
Brecht, Die Mutter (Regiebuch) 517
Brecht, Über Realismus 485
Brecht, Über d. Beruf d. Schauspielers 384
Brecht, Schweyk im zweiten Weltkrieg 132
Materialien zu ›Schweyk im zweit. Weltkrieg‹ 604
Brecht, Die Gesichte der Simone Machard 369
Brecht, Über Politik und Kunst 442
Brecht, Über experiment. Theater 377
Brecht, Trommeln in der Nacht 490
Brecht, Tagebücher 1920-1922 979
Brecht, Über Lyrik 70
Brecht, Gedichte in 4 Bänden 835-38
Brecht-Jahrbuch 1974 758
Brecht-Jahrbuch 1975 797
Brecht-Jahrbuch 1976 853
Brecht-Jahrbuch 1977 906
Brecht-Jahrbuch 1978 956
Brecht-Jahrbuch 1979 989
Brecht, Drei Lehrstücke 817
Brecht im Gespräch, hrsg. von Werner Hecht 771
Brechts Modell der Lehrstücke, hrsg. von Rainer Steinweg 929
Brede u. a., Determinanten d. Wohnungsversorgung 745
Brede u. a., Politische Ökonomie d. Bodens 868
Bredekamp, Kunst als Medium sozialer Konflikte 763
Materialien zu H. Brochs ›Die Schlafwandler‹ 571
Brooks, Paradoxie im Gedicht 124

Brus, Funktionsprobleme d. sozialist. Wirtschaft 472
Brus, W., Sozialistisches Eigentum 801
Brünneck, Politische Justiz 944
Bubner, Dialektik u. Wissenschaft 597
Bürger, Die französ. Frühaufklärung 525
Bürger, Theorie der Avantgarde 727
Bürger, Aktualität und Geschichtlichkeit 879
Bürger/Schulte-Sasse (Hrsg.), Naturalismus 992
Bulthaup, Zur gesellschaftl. Funktion der Naturwissenschaften 670
Burke, Dichtung als symbol. Handlung 153
Burke, Rhetorik in Hitlers ›Mein Kampf‹ 231
Busch, Die multinationalen Konzerne 741
Cardoso/Faletto, Abhängigkeit 841
Caspar D. Friedrich u. d. dt. Nachwelt, hrsg. v. W. Hofmann 777
Celan, Ausgewählte Gedichte 262
Über Paul Celan 495
Chasseguet-Smirgel (Hrsg), Psychoanalyse der weiblichen Sexualität 697
Chomsky, Aus Staatsraison 736
Claas, Die politische Ästhetik 832
Clemenz, Gesellschaftl. Ursprünge des Faschismus 550
Cohen/Taylor, Ausbruchversuche 898
Cogoy, Wertstruktur und Preisstruktur 810
Cooper, Psychiatrie u. Anti-Psychiatrie 497
Córdova/Michelena, Lateinamerika 311
Creeley, Gedichte 227
Dallemagne, Die Grenzen der Wirtschaftspolitik 730
Damus, Entscheidungsstrukturen in der DDR-Wirtschaft 649
Deleuze/Guattari, Kafka 807
Deleuze/Parnet, Dialoge 666
Determinanten der westdeutschen Restauration 1945-1949 575
Deutsche und Juden 196
Die Hexen der Neuzeit, hrsg. von Claudia Honegger 743
Dobb, Organis. Kapitalismus 166
Dobb, Wert- und Verteilungstheorien 765
Döbert, R./Nunner-Winkler, G,. Adoleszenzkrise und Identitätsbildung 794
Dorst, Eiszeit 610
Dorst, Toller 294
Über Tankred Dorst (Werkbuch) 713
Drechsel u. a., Massenzeichenware 501
Doras, Ganze Tage in den Bäumen 80
Duras, Hiroshima mon amour 26
Eckensberger, Sozialisationsbedingungen d. öffentl. Erziehung 466
Eco, Zeichen 895
Eich, Abgelegene Gehöfte 288
Eich, Botschaften des Regens 48
Eich, Mädchen aus Viterbo 60
Eich, Setúbal / Lazertis 5
Eich, Marionettenspiele / Unter Wasser 89
Über Günter Eich 402
Eichenbaum, Theorie u. Gesch. d. Literatur 119
Eisner, Politik des libertären Sozialismus 422
Eisner, Sozialismus als Aktion 773
Elias/Lepenies, Zwei Reden 954
Eliot, Die Cocktail Party 98
Eliot, Der Familientag 152
Eliot, Mord im Dom 8
Eliot, Was ist ein Klassiker? 33
Entstalinisierung in der Sowjetunion 609
Enzensberger, Blindenschrift 217
Enzensberger, Deutschland 203
Enzensberger, Einzelheiten I 63
Enzensberger, Einzelheiten II 87
Enzensberger, Landessprache 304
Enzensberger, Das Verhör von Habana 553
Enzensberger, Palaver 696
Enzensberger, Der Weg ins Freie 759
Über H. M. Enzensberger 403
Erkenntnistheorie, marxist. Beiträge 349
Eschenburg, Über Autorität 129
Euchner, Egoismus und Gemeinwohl 614
Expressionismusdebatte, hrsg. von H. J. Schmitt 646
Fassbinder, Antiteater 443
Fassbinder, Antiteater 2 560
Fassbinder, Stücke 3 803
Favret-Saada, Die Wörter, der Zauber, der Tod 981
Fichant/Pêcheux, Überlegungen zur Wissenschaftsgeschichte 866
Fischer-Seidel, James Joyces »Ulysses« 826
Fleischer, Marxismus und Geschichte 323
Materialien zu M. F. Fleißer 594
Foucault, Psychologie u. Geisteskrankheit 272
Frauenarbeit – Frauenbefreiung, hrsg. v. A. Schwarzer 637
Frauenfrage im Kapitalismus, Brandt/Kootz/Steppke 581
Frauen im Gefängnis, hrsg. von Dürkop/Hardtmann 916
Frauen, die pfeifen, hrsg. von Geiger/Holinka u. a. 968
Frerichs/Kraiker, Konstitutionsbedingungen 685
Friedensanalysen 1 784
Friedensanalysen 2 834
Friedensanalysen 3 847
Friedensanalysen 4 871
Friedensanalysen 5 891
Friedensanalysen 6 925
Friedensanalysen 7 955

Friedensanalysen 8 958
Friedensanalysen 9 755
Friedensanalysen 10 748
Frisch, Ausgewählte Prosa 36
Frisch, Biedermann u. d. Brandstifter 41
Frisch, Die chinesische Mauer 65
Frisch, Don Juan oder Die Liebe zur Geometrie 4
Frisch, Graf Öderland 32
Frisch, Frühe Stücke. Santa Cruz / Nun singen sie wieder 154
Frisch, Zürich – Transit 161
Frisch, Öffentlichkeit 209
Frisch/Hentig, Zwei Reden 874
Über Max Frisch 404
Über Max Frisch II 852
Materialien zu Max Frischs »Andorra« 653
Fritzsche, Politische Romantik 778
Fromm, Sozialpsychologie 425
Fučík, Reportage unter dem Strang geschrieben 854
Fuegi/Grimm/Hermand (Hrsg.), Brecht-Jahrbuch 1974 758
Gastarbeiter 539
Gefesselte Jugend / Fürsorgeerziehung 514
Geiss, Geschichte u. Geschichtswissenschaft 569
Germanistik 204
Gerhard, Ute, Verhältnisse und Verhinderungen 933
Gesellschaft, Beiträge zur Marxschen Theorie I 695
Gesellschaft II 731
Gesellschaft III 739
Gesellschaft IV 764
Gesellschaft V 787
Gesellschaft VI 806
Gesellschaft VII 827
Gesellschaft VIII/IX 863
Gesellschaft X 886
Gesellschaft XI 957
Gesellschaft XII 865
Gesellschaft XIII 692
Gesellschaftsstrukturen, hrsg. v. O. Negt u. K. Meschkat 589
Gespräche mit Ernst Bloch, Hrsg. von Rainer Traub und Harald Wieser 798
Gewerkschaften und Strafvollzug, Hrsg. v. Lüderssen u. a. 943
Goeschel/Heyer/Schmidbauer, Soziologie der Polizei I 380
Goffman, Asyle 678
Goldscheid/Schumpeter, Finanzkrise 698
Gombrich/Hochberg/Black, Kunst, Wahrnehmung, Wirklichkeit 860
Grass, Hochwasser 40
Gröll, Erziehung 802
Groth, Die Krise der Staatsfinanzen 918
Grundrechte als Fundament, hrsg. von Joachim Perels 951
Guattari, Psychotherapie 768
Guérin, Anarchismus 240
Haavikko, Jahre 115
Habermas, Logik d. Sozialwissenschft. 481
Habermas, Protestbewegung u. Hochschulreform 354
Habermas, Technik u. Wissenschaft als Ideologie 287
Habermas, Legitimationsprobleme im Spätkapitalismus 623
Habermas, Bovenschen u. a., Gespräche mit Marcuse 938
Habermas, Stichworte zur ›Geistigen Situation der Zeit‹ 1000
Hacks, Das Poetische 544
Hacks, Stücke nach Stücken 122
Hacks, Zwei Bearbeitungen 47
Handke, Die Innenwelt 307
Handke, Kaspar 322
Handke, Publikumsbeschimpfung 177
Handke, Wind und Meer 431
Handke, Ritt über den Bodensee 509
Über Peter Handke 518
Hannover, Rosa Luxemburg 233
Hartig/Kurz, Sprache als soz. Kontrolle 543
Hartig, Geburt der bürgerlichen Gesellschaft 937
Haug, Kritik d. Warenästhetik 513
Haug, Bestimmte Negation 607
Haug, Warenästhetik. Beiträge zur Diskussion 657
Hecht, Sieben Studien über Brecht 570
Hegel im Kontext 510
Hegels Philosophie 441
Heinemann, Präsidiale Reden 790
Heinsohn/Knieper, Theorie d. Familienrechts 747
Heller, A., Das Alltagsleben 805
Heinsohn/Knieper, Spielpädagogik 809
Heller, E., Nietzsche 67
Heller, E., Studien zur modernen Literatur 42
Hennicke (Hrsg.), Probleme d. Sozialismus i. d. Übergangsgesellschaften 640
Hennig, Thesen z. dt. Sozial- u. Wirtschaftsgeschichte 662
Hennig, Bürgerliche Gesellschaft 875
Henrich, Hegel im Kontext 510
Herbert, Ein Barbar 2 365
Herbert, Gedichte 88
Hermand, J., Von deutscher Republik 793
Herzen, Die gescheiterte Revolution 842
Hesse, Geheimnisse 52
Hesse, Tractat vom Steppenwolf 84

Hildesheimer, Das Opfer Helena / Monolog 118
Hildesheimer, Interpretationen zu Joyce u. Büchner 297
Hildesheimer, Mozart / Beckett 190
Hildesheimer, Nachtstück 23
Hildesheimer, Herrn Walsers Raben 77
Über Wolfgang Hildesheimer 488
Hinck, Geschichte im Gedicht 721
Hirsch, Wiss.-techn. Fortschritt i. d. BRD 437
Hirsch/Leibfried, Wissenschafts- u. Bildungspolitik 480
Hirsch, Staatsapparat u. Reprod. des Kapitals 704
Hobsbawm, Industrie und Empire I 315
Hobsbawm, Industrie und Empire II 316
Hobsbawm, Auf dem Weg zum ›historischen‹ Kompromiß 851
Hochmann, Thesen zu einer Gemeindepsychiatrie 618
Hoffmann-Axthelm, Theorie der künstler. Arbeit 682
Hoffmann (Hrsg.), Perspektiven kommunaler Kulturpolitik 718
Hofmann, Universität, Ideologie u. Gesellschaft 261
Hondrich, Theorie der Herrschaft 599
Horn, Dressur oder Erziehung 199
Horn u. a., Gewaltverhältnisse u. d. Ohnmacht d. Kritik 775
Horn (Hrsg.), Gruppendynamik u. ›subjekt. Faktor‹ 538
Hortleder, Gesellschaftsbild d. Ingenieurs 394
Hortleder, Ingenieure in der Industriegesellschaft 663
Horvat, B., Die jugoslaw. Gesellschaft 561
(Horváth) Materialien zu Ödön v. H. 436
Materialien zu H., ›Geschichten aus dem Wienerwald‹ 533
Materialien zu H., ›Glaube Liebe Hoffnung‹ 671
Materialien zu H., ›Kasimir und Karoline‹ 611
Über Ödön v. Horváth 584
Hrabal, Tanzstunden 126
Hrabal, Zuglauf überwacht 256
(Huchel) Über Peter Huchel 647
Huffschmid, Politik des Kapitals 313
Imperialismus und strukturelle Gewalt, hrsg. von D. Senghaas 563
Information über Psychoanalyse 648
Internat. Beziehungen, Probleme der 593
Jacoby, Soziale Amnesie 859
Jaeggi, Literatur und Politik 522
Jahoda u. a., Die Arbeitslosen v. Marienthal 769
Jakobson, Kindersprache 330
Jauß, Literaturgeschichte 418
Johnson, Das dritte Buch über Achim 100
Johnson, Karsch 59
Über Uwe Johnson 405
(Joyce, J.) Materialien zu J., ›Dubliner‹ 357
Joyce, St., Dubliner Tagebuch 216
Jugendkriminalität 325
Kalivoda, Marxismus 373
Kapitalismus, Peripherer, hrsg. von D. Senghaas 652
Kasack, Das unbekannte Ziel 35
Kaschnitz, Beschreibung eines Dorfes 188
Kern, Kampf um Arbeitsbedingungen 966
Kern/Schumann, Industriearbeit 907
Kino, Theorie des 557
Kipphardt, Hund des Generals 14
Kipphardt, Joel Brand 139
Kipphardt, In Sachen Oppenheimer 64
Kipphardt, Die Soldaten 273
Kipphardt, Stücke I 659
Kipphardt, Stücke II 677
Kirche und Klassenbindung, hrsg. v. Y. Spiegel 709
Kirchheimer, Politik und Verfassung 95
Kirchheimer, Funktionen des Staates u. d. Verfassung 548
Kirchheimer, Von der Weimarer Demokratie 821
Klöckner, Anna 791
Kluge/Negt, Öffentlichkeit und Erfahrung 639
Kluge, Lernprozesse mit tödlichem Ausgang 665
Kluge, Gelegenheitsarbeit einer Sklavin 733
Kluge, Neue Geschichten 819
Knieper, Weltmarkt 828
Über Wolfgang Koeppen 864
Kommune i. d. Staatsorganisation 680
Kosta, Abriß d. sozialökonomischen Entwicklung der Tschechoslowakei 974
Kracauer, Jacques Offenbach 971
Kraiker/Frerichs, Konstitutionsbedingungen 685
Kreiler, Verständigungstexte Gefangener 716
Kristeva/Eco/Bachtin u. a., Textsemiotik 796
Kristeva, Die Revolution d. poetischen Sprache 949
Kritische Friedenserziehung 661
Kritische Friedensforschung 478
Kroetz, Drei Stücke 473
Kroetz, Oberösterreich u. a. 707
Kroetz, Vier Stücke 586
Kroetz, Drei neue Stücke 753
Krolow, Ausgewählte Gedichte 24
Krolow, Landschaften für mich 146
Krolow, Schattengefecht 78
Über Karl Krolow 527

Kris, Die ästhetische Illusion 867
Kropotkin, Ideale und Wirklichkeit 762
Kühn, Ausflüge im Fesselballon 656
Kühn, Goldberg-Variationen 795
Kühn, Grenzen des Widerstands 531
Kühn, Unternehmen Rammbock 683
Kühn, Löwenmusik 984
Kühnl/Rilling/Sager, Die NPD 318
Kulturpolitik, Kommunale 718
Kunst, Autonomie der 592
Laermann, u.a., Reise und Utopie 766
Laing, Phänomenologie der Erfahrung 314
Laing/Cooper, Vernunft und Gewalt 574
Laing/Phillipson/Lee, Interpers. Wahrnehmung 499
Landauer, Erkenntnis und Befreiung 818
Leithäuser/Volmerg/Wutka, Entwurf zu einer Empirie 878
Lefebvre, H., Marxismus heute 99
Lefebvre, H., Dialekt. Materialismus 160
Lefebvre, H., Metaphilosophie 734
Lefebvre, Einführung in die Modernität 831
Lehrlingsprotokolle 511
Lehrstück Lukács, hrsg. v. I. Matzur 554
Leithäuser/Heinz, Produktion, Arbeit, Sozialisation 873
Lempert, Berufliche Bildung 699
Lenhardt, Berufliche Weiterbildung 744
Lenhardt, Der hilflose Sozialstaat 932
Lévi-Strauss, Ende d. Totemismus 128
Liberman, Methoden d. Wirtschaftslenkung im Sozialismus 688
Linhartová, Geschichten 141
Literaturunterricht, Reform 672
Lippe, Bürgerliche Subjektivität 749
Literatur und Literaturtheorie, hrsg. von Hohendahl u. P. Herminghouse 779
Loch/Kernberg u. a., Psychoanalyse im Wandel 881
Lorenz, Sozialgeschichte der Sowjetunion 1 654
Lorenz (Hrsg.), Umwälzung einer Gesellschaft 870
Lorenzer, Kritik d. psychoanalyt. Symbolbegriffs 393
Lorenzer, Gegenstand der Psychoanalyse 572
Lotman, Struktur d. künstler. Textes 582
Lüdke (Hrsg.), Nach dem Protest 964
Lukács, Heller, Márkus u. a., Individuum und Praxis 545
Luthardt (Hrsg.), Sozialdemokratische Arbeiterbewegung Band 1 923/Bd. 2 934
Lyon, Bertolt Brecht und Rudyard Kipling 804
Mäding, Strafrecht 978
Majakowskij, Wie macht man Verse? 62
Malkowski, Was für ein Morgen 792
Mandel, Marxist. Wirtschaftstheorie, 2 Bände 595/96
Mandel, Der Spätkapitalismus 521
Marcuse, Umkehrung der Moral 903
Marcuse, Versuch über die Befreiung 329
Marcuse, H., Konterrevolution u. Revolte 591
Marcuse, Kultur u. Gesellschaft I 101
Marcuse, Kultur u. Gesellschaft II 135
Marcuse, Theorie der Gesellschaft 300
Marcuse, Zeit-Messungen 770
Marx, Die Ethnologischen Exzerpthefte 800
Marxist. Rechtstheorie, Probleme der 729
Marxsche Theorie, Aspekte, I 632
Marxsche Theorie, Aspekte, II 633
Massing, Polit. Soziologie 724
Mattick, Spontaneität und Organisation 735
Mattick, Beiträge zur Kritik des Geldes 723
Matzner, J. (Hrsg.), Lehrstück Lukács 554
Mayer, H., Anmerkungen zu Brecht 143
Mayer, H., Anmerkungen zu Wagner 189
Mayer, H., Das Geschehen u. d. Schweigen 342
Mayer, H., Repräsentant u. Märtyrer 463
Mayer, H., Über Peter Huchel 647
Über Hans Mayer 887
Meier, Begriff ›Demokratie‹ 387
Meschkat/Negt, Gesellschaftsstrukturen 589
Michel, Sprachlose Intelligenz 270
Michels, Polit. Widerstand in den USA 719
Mitbestimmung, Kritik der 358
Mitscherlich, Krankheit als Konflikt I 164
Mitscherlich, Krankheit als Konflikt II 237
Mitscherlich, Unwirtlichkeit unserer Städte 123
Mitscherlich, Freiheit und Unfreiheit i. d. Krankheit 505
Mittelstraß, J. (Hrsg.) Methodologische Probleme 742
Monopol und Staat, hrsg. v. R. Ebbinghausen 674
Moral und Gesellschaft 290
Moser, Repress. Krim.psychiatrie 419
Moser/Künzel, Gespräche mit Eingeschlossenen 375
Moser, Verstehen, Urteilen, Verurteilen 880
Most, Kapital und Arbeit 587
Müller, Die Verdrängung des Ornaments 829
Müller-Schwefe (Hrsg.), Männersachen 717
Münchner Räterepublik 178
Mukařovský, Ästhetik 428
Mukařovský, Poetik 230
Über Adolf Muschg 686
Napoleoni, Ökonom. Theorien 244
Napoleoni, Ricardo und Marx, hrsg. von Cristina Pennavaja 702

Nathan, Ideologie, Sexualität und Neurose 975
Negt/Kluge, Öffentlichkeit u. Erfahrung 639
Negt/Meschkat, Gesellschaftsstrukturen 589
Negt, Keine Demokratie 812
Neues Hörspiel O-Ton, hrsg. von K. Schöning 705
Neumann-Schönwetter, Psychosexuelle Entwicklung 627
Neumann, Wirtschaft, Staat, Demokratie 892
Nossack, Das Mal u. a. Erzählungen 97
Nossack, Das Testament 117
Nossack, Der Neugierige 45
Nossack, Der Untergang 19
Nossack, Pseudoautobiograph. Glossen 445
Über Hans Erich Nossack 406
Nyssen (Hrsg.), Polytechnik in der BRD? 573
Obaldia, Wind in den Zweigen 159
Oehler, Pariser Bilder 1 725
v. Oertzen, Die soz. Funktion des staatsrechtl. Positivismus 660
Oevermann, Sprache und soz. Herkunft 519
Offe, Strukturprobleme d. kapitalist. Staates 549
Offe, Berufsbildungsreform 761
Olson, Gedichte 112
Ostaijen, Grotesken 202
Parker, Meine Sprache bin ich 728
Peripherer Kapitalismus, hrsg. von D. Senghaas 652
Perspektiven der kommunalen Kulturpolitik, hrsg. v. H. Hoffmann 718
Piscator, Theater der Auseinandersetzung 883
Piton, Anders leben 767
Piven/Cloward, Regulierung der Armut 872
Politik der Subjektivität, hrsg. von Michaela Wunderle
Politzer, Kritik der Grundlagen 893
Poulantzas, Die Krise 888
Pozzoli, Rosa Luxemburg 710
Preuß, Legalität und Pluralismus 626
Price, Ein langes glückl. Leben 120
Probleme d. intern. Beziehungen 593
Probleme d. marxist. Rechtstheorie 729
Probleme d. Sozialismus u. der Übergangsgesellschaften 640
Probleme einer materialist. Staatstheorie, hrsg. v. J. Hirsch 617
Projektarbeit als Lernprozeß 675
Prokop D., Massenkultur u. Spontaneität 679
Prokop U., Weiblicher Lebenszusammenhang 808
Pross, Bildungschancen v. Mädchen 319
Prüß, Kernforschungspolitik i. d. BRD 715
Przybós, Werkzeug aus Licht 908
Psychiatrie, Was ist . . . 708
Psychoanalyse als Sozialwissensch. 454
Psychoanalyse, Information über 648
Psychoanalyse d. weibl. Sexualität 697
Puls/Thompson u. a., Wahrnehmungsformen u. Protestverhalten 948
Queneau, Mein Freund Pierrot 76
Raimbault, Kinder sprechen vom Tod 993
Rajewsky, Arbeitskampfrecht 361
Rammstedt, Soziale Bewegung 844
Reform d. Literaturunterrichts, hrsg. v. H. Brackert / W. Raitz 672
Reichert/Senn, Materialien zu Joyce ›Ein Porträt d. Künstlers‹ 776
Restauration, Determinanten d. westdt. R. 575
Ritsert (Hrsg.), Zur Wissenschaftslogik 754
Ritter, Hegel u. d. Französ. Revolution 114
Ritter-Röhr, D. (Hrsg.) Der Arzt, sein Patient und die Gesellschaft 746
Rocker, Aus d. Memoiren eines dt. Anarchisten 711
Róheim, Psychoanalyse und Anthropologie 839
Rolshausen, Wissenschaft 703
Romano, Die Gleichzeitigkeit 991
Rossanda, Über Dialektik v. Kontinuität u. Bruch 687
Rossanda/Magri, Der lange Marsch 823
Rottleuthner (Hrsg.), Probleme d. marxist. Rechtstheorie 729
Runge, Bottroper Protokolle 271
Runge, Frauen 359
Runge, Reise nach Rostock 479
Rüpke, Schwangerschaftsabbruch 815
Russell, Probleme d. Philosophie 207
Russell, Wege zur Freiheit 447
Sachs, Das Leiden Israels 51
Sandkühler, Praxis u. Geschichtsbewußtsein 529
Sarraute, Schweigen / Lüge 299
Scabia, Marco Cavallo 970
Schäfer/Edelstein/Becker, Probleme d. Schule (Beispiel Odenwaldschule) 496
Schäfer/Nedelmann, CDU-Staat 370
Schedler, Kindertheater 520
Scheugl/Schmidt jr., Eine Subgeschichte d. Films, 2 Bände 471
Schklowskij, Schriften zum Film 174
Schklowskij, Zoo 130
Schlaffer, Der Bürger als Held 624
Schlaffer, Studien zum ästhetischen Historismus 756
Schmidt, Ordnungsfaktor 487
Schmitt, Der Streit mit Georg Lukács 579
Schmitt, Expressionismus-Debatte 646
Schneider/Kuda, Arbeiterräte 296
Schnurre, Kassiber / Neue Gedichte 94
Scholem, Judentum 414

Schoch, Vorarbeiten 985
Schram, Die perman. Revolution i. China 151
Schütze, Rekonstrukt. d. Freiheit 298
Schule und Staat im 18. u. 19. Jh., hrsg. v. K. Hartmann, F. Nyssen, H. Waldeyer 694
Schwarzer (Hrsg.), Frauenarbeit – Frauenbefreiung 637
Sechehaye, Tagebuch einer Schizophrenen 613
Segmente der Unterhaltungsindustrie 651
Senghaas, Rüstung und Materialismus 498
Senghaas, Weltwirtschaftsordnung 856
Setzer, Wahlsystem in England 664
Shaw, Caesar und Cleopatra 102
Shaw, Der Katechismus d. Umstürzlers 75
Siegert, Strukturbedingungen 882
Soboul, Französische Revolution 960
Söll/du Bois-Reymond, Neuköllner Schulbuch, 2 Bände 681
Sohn-Rethel, Geistige u. körperl. Arbeit 555
Sohn-Rethel, Ökonomie u. Klassenstruktur d. dt. Faschismus 630
Sohn-Rethel, Warenform und Denkform 904
Sozialistische Realismuskonzeptionen 701
Spazier/Bopp, Grenzübergänge. Psychotherapie 738
Spiegel (Hrsg.), Kirche u. Klassenbindung 709
Sraffa, Warenproduktion 780
Starnberger Studien 1 877
Starnberger Studien 2 963
Starnberger Studien 3 996
Sternberger, Bürger 224
Straschek, Handbuch wider das Kino 446
Streik, Theorie und Praxis 385
Strindberg, Ein Traumspiel 25
Struck, Klassenliebe 629
Sweezy, Theorie d. kapitalist. Entwicklung 433
Sweezy/Huberman, Sozialismus in Kuba 426
Szondi, Über eine freie Universität 620
Szondi, Hölderlin-Studien 379
Szondi, Theorie d. mod. Dramas 27
Tagträume vom aufrechten Gang, hrsg. von Arno Münster 920
Tardieu, Imaginäres Museum 131
Technologie und Kapital 598
Teige, Liquidierung der ›Kunst‹ 278
Tibi, Militär u. Sozialismus i. d. Dritten Welt 631
Tibi, Internationale Politik 983
Tiedemann, Studien z. Philosophie Walter Benjamins 644
›Theorie der Avantgarde‹ hrsg. v. W. Martin Lüdke 825
Tohidipur (Hrsg.), Verfassung 822
Tohidipur (Hrsg.) Der bürgerliche Rechtsstaat 901
Toleranz, Kritik der reinen 181
Toulmin, Voraussicht u. Verstehen 292
Tumler, Nachprüfung eines Abschieds 57
Tynjanov, Literar. Kunstmittel 197
Ueding, Glanzvolles Elend. Versuch über Kitsch u. Kolportage 622
Ueding, (Hrsg.), Literatur ist Utopie 935
Uspenskij, Poetik der Komposition 673
Volmerg, Identität und Arbeitserfahrung 941
Vossler, Revolution von 1848 210
Vyskočil, Knochen 211
Walser, Abstecher / Zimmerschlacht 205
Walser, Heimatkunde 269
Walser, Der Schwarze Schwan 90
Walser, Die Gallistl'sche Krankheit 689
Walser, Eiche und Angora 16
Walser, Ein Flugzeug über d. Haus 30
Walser, Kinderspiel 400
Walser, Leseerfahrungen 109
Walser, Lügengeschichten 81
Walser, Überlebensgroß Herr Krott 55
Walser, Wie u. wovon handelt Literatur 642
Walser, Sauspiel mit Materialien, hrsg. von Werner Brändle 913
Walser, Wer ist ein Schriftsteller? 959
Über Martin Walser 407
Warneken, Literarische Produktion 976
Was ist Psychiatrie?, hrsg. v. F. Basaglia 708
Weber, Über d. Ungleichheit d. Bildungschancen in der BRD 601
Weber, Betty N., Brechts ›Kreidekreis‹ 928
Wehler, Geschichte als Histor. Sozialwissenschaft 650
Weil, Simone, Fabriktagebuch 940
Weiss, Abschied von den Eltern 85
Weiss, Stücke I 833
Weiss, Stücke II 910
Weiss, Fluchtpunkt 125
Weiss, Gesang v. Lusitanischen Popanz 700
Weiss, Gespräch d. drei Gehenden 7
Weiss, Jean Paul Marat 68
Materialien zu ›Marat/Sade‹ 232
Weiss, Rapporte 2 444
Weiss, Schatten des Körpers 53
Über Peter Weiss 408
Weiss, Alexander, Bericht aus der Klinik 889
Wellek, Konfrontationen 82
Wellershoff, Die Auflösung des Kunstbegriffs 848
Wellmer, Gesellschaftstheorie 335
Wesker, Die Freunde 420
Wesker, Die Küche 542
Wesker, Trilogie 215
Winckler, Studie z. gesellsch. Funktion faschist. Sprache 417

Winckler, Kulturwarenproduktion / Aufsätze z. Literatur- u. Sprachsoziologie 628
Wirth, Kapitalismustheorie in der DDR 562
Witte (Hrsg.), Theorie des Kinos 557
Wittgenstein, Tractatus 12
Wolf, Danke schön 331
Wolf, Fortsetzung des Berichts 378
Wolf, mein Famili 512
Wolf, Pilzer und Pelzer 234
Wolf, Auf der Suche nach Doktor Q. 811
Wolf, Die Gefährlichkeit 845
Über Ror Wolf 559
Wolff/Moore/Marcuse, Kritik d. reinen Toleranz 181
Wuthenow, Muse, Maske, Meduse 897
Zima, Kritik der Literatursoziologie 857
Zimmermann/Eigel, Plötzlich brach der Schulrat in Tränen aus 429
Zimmermann, Vom Nutzen der Literatur 885
Zoll, Der Doppelcharakter der Gewerkschaften 816